平安期日本語の主体表現と客体表現

ひつじ研究叢書〈言語編〉

第 89 巻　日本語形態の諸問題　　　　　　　　　　　　須田淳一・新居田純野 編
第 90 巻　語形成から見た日本語文法史　　　　　　　　　　　　　　青木博史 著
第 91 巻　コーパス分析に基づく認知言語学的構文研究　　　　　　　　李在鎬 著
第 92 巻　バントゥ諸語分岐史の研究　　　　　　　　　　　　　　　湯川恭敏 著
第 93 巻　現代日本語における進行中の変化の研究　　　　　　　　　新野直哉 著
第 95 巻　形態論と統語論の相互作用　　　　　　　　　　　　　　　塚本秀樹 著
第 96 巻　日本語文法体系新論　　　　　　　　　　　　　　　清瀬義三郎則府 著
第 97 巻　日本語音韻史の研究　　　　　　　　　　　　　　　　　　高山倫明 著
第 98 巻　文化の観点から見た文法の日英対照　　　　　　　　　　宗宮喜代子 著
第 99 巻　日本語と韓国語の「ほめ」に関する対照研究　　　　　　　　金庚芬 著
第 100 巻　日本語の「主題」　　　　　　　　　　　　　　　　　　　堀川智也 著
第 101 巻　日本語の品詞体系とその周辺　　　　　　　　　　　　　村木新次郎 著
第 103 巻　場所の言語学　　　　　　　　　　　　　　　　　　　　　岡智之 著
第 104 巻　文法化と構文化　　　　　　　　　　　　　　　　秋元実治・前田満 編
第 105 巻　新方言の動態 30 年の研究　　　　　　　　　　　　　　　佐藤髙司 著
第 106 巻　品詞論再考　　　　　　　　　　　　　　　　　　　　　山橋幸子 著
第 107 巻　認識的モダリティと推論　　　　　　　　　　　　　　　木下りか 著
第 108 巻　言語の創発と身体性　　　　　　　　　　　　　児玉一宏・小山哲春 編
第 109 巻　複雑述語研究の現在　　　　　　　　　　　　　岸本秀樹・由本陽子 編
第 111 巻　現代日本語ムード・テンス・アスペクト論　　　　　　　工藤真由美 著
第 112 巻　名詞句の世界　　　　　　　　　　　　　　　　　　　　西山佑司 編
第 113 巻　「国語学」の形成と水脈　　　　　　　　　　　　　　　　 釘貫亨 著
第 116 巻　英語副詞配列論　　　　　　　　　　　　　　　　　　　鈴木博雄 著
第 117 巻　バントゥ諸語の一般言語学的研究　　　　　　　　　　　湯川恭敏 著
第 118 巻　名詞句とともに用いられる「こと」の談話機能　　　　　　金英周 著
第 119 巻　平安期日本語の主体表現と客体表現　　　　　　　　　　高山道代 著

ひつじ研究叢書
〈言語編〉
第119巻

平安期日本語の
主体表現と客体表現

高山道代　著

ひつじ書房

まえがき

　本書は平安期日本語の主語標示と対象語標示に関わる名詞の格をテーマとしている。名詞と動詞の文法的関係性をあらわす名詞の諸形態の機能と機能分担の様相を明らかにすることが中心的課題である。本文でも述べることであるが、古代日本語では主語標示においても対象語標示においても「日　暮れぬ」「几帳　ひきなほしなどす」のような助辞を用いない形態が広く用いられている。このことは多くの研究者によって指摘されてきたのであるが、これまで積極的にこの形態の文法機能についてとりあげられることがなかった。この、古代語において一般的に用いられている助辞を用いない形態と有助辞形態を対照し、それぞれの形態の文法的機能の輪郭を捉えることが本書の目的である。そのため、平安期日本語において主語標示および対象語標示の機能を担う諸形態の用法についての記述と分析が本書の大半を占める。平安期日本語の主語標示および対象語標を担う名詞の諸語形それぞれの機能と機能分担の様相を明らかにすること、さらには古代日本語の名詞の格の文法体系の一端を明らかにすることに貢献できれば幸いである。

　本書の構成は以下のとおりである。第1章では古代語の主語、対象語の標示に関わる名詞の格を問題にするにあたって、先行研究との関係を整理し、本書の立場を明らかにする。第2章では古代日本語研究のなかで主語、対象語をあらわす名詞の格の問題がどのようにとりあげられてきたかについて紹介する。第3章では主語標示の形態の現れを動詞の文法的タイプにそって記述的にとりあげる。具体的には主体変化動詞、主体動作動詞、主体動作主体変化動詞の各動詞とむすびつく主語名詞の用法についてとりあげる。第4章では対象語標示の形態の現れについて記述的にとりあげる。具体的には主体動作客

体変化動詞とむすびつく対象語名詞の用法についてとりあげる。第5章では第3章、第4章でとりあげた主体変化と客体変化の連語の対応関係を統語構造上の主体／客体関係と照らし合わせて検討をおこなう。第6章では統語構造上の対応関係をつくらない表現もふくめたハダカ格と有助辞格の対象語標示、主語標示としてのふるまいを分析するとともに、対象語標示、主語標示それぞれの用法の広がりを捉えることをとおして古代語における主体表現、客体表現の中心と周辺について考える。第7章では有助辞格が歴史的にどのように機能を広げ、ハダカ格が担っていた主語標示や対象語標示の領域に入り込んでいったのかという問題を念頭に置きながら、平安期日本語における主語標示のノ格とガ格、対象語標示におけるヲ格の用法をより詳細に検討する。

　最後になるが、本書はおもに学位論文「古代日本語におけるハダカ格について」（平成15年度）に基づいている。第1章から第5章まではほぼ学位論文にそった内容であり、第6章以降はその後におこなった複数の研究論文を整理しなおしたものである。最後の第7章第3節はあらたに書き下ろした内容となっている。学位論文を提出してから10年近く経ち、これまでおこなってきた研究を整理し、今後の研究の礎としたいと考えた。問題意識に忠実に研究を進めるよう努めてきたつもりであるが、その過程においてさまざまな先行研究から多大な示唆をいただいた。有助辞形態の機能についての先行研究、連語研究、生成文法や項構造に関する議論、言語類型学からは特に多くの勉強をさせていただいた。ここに記して感謝申しあげる。

　なお、本書は平成25年度科学研究費助成事業（研究成果公開促進費）学術図書・課題番号255067の助成を受けたものである。ならびに、宇都宮大学国際学部から国際学叢書として助成を受けたものであることを付記する。

2014年2月　高山道代

目　次

まえがき　　　　　　　　　　　　　　　　　　　　　V

第1章　研究対象としての格　　　　　　　　　　　　I
1. 研究の背景として　　　　　　　　　　　　　　　　I
2. 格をめぐる理論的研究史　　　　　　　　　　　　　2
3. 本書の立場　　　　　　　　　　　　　　　　　　　4
4. ハダカ格　　　　　　　　　　　　　　　　　　　　5
5. 主語の分析にあたって　　　　　　　　　　　　　　6
6. 動詞の分類にあたって　　　　　　　　　　　　　　8
7. 主体表現および客体表現の枠組み　　　　　　　　　11

第2章　古代日本語の名詞の格に関する研究　　　　　15
1. 対象語をあらわす名詞の格に関する先行研究　　　　15
2. 主語をあらわす名詞の格に関する先行研究　　　　　17

第3章　ハダカ格と有助辞格I　主語標示　　　　　　21
1. 主体変化動詞とむすびつく主語名詞　　　　　　　　21
　1.1　変化　　　　　　　　　　　　　　　　　　　　21
　　1.1.1　物の変化　　　　　　　　　　　　　　　　22
　　1.1.2　人の変化　　　　　　　　　　　　　　　　28
　　1.1.3　事の変化　　　　　　　　　　　　　　　　33
　1.2　出現　　　　　　　　　　　　　　　　　　　　38
　　1.2.1　物の出現　　　　　　　　　　　　　　　　38
　　1.2.2　人の出現　　　　　　　　　　　　　　　　39
　　1.2.3　事の出現　　　　　　　　　　　　　　　　39
　　1.2.4　現象の出現　「事の出現」のむすびつきの周縁として　40
2. 主体動作動詞と主語名詞　　　　　　　　　　　　　42
　2.1　主体（＝人）の動作　　　　　　　　　　　　　43
　　2.1.1　人の動作　　　　　　　　　　　　　　　　43

2.1.2 相互動作		44
2.1.3 人の無意志的動作		45
2.2 主体（＝もの）の動作		46
3. 主体動作主体変化動詞と主語名詞		47
3.1 移動		47
3.1.1 物の移動		47
3.1.2 人の移動		49
3.2 とりつき		50
3.3 生理的な動き		51

第4章 ハダカ格と有助辞格Ⅱ　対象語標示　55

1. 主体動作客体変化動詞とむすびつく対象語	55
1.1 変化	55
1.1.1 物の変化	55
1.1.2 人の変化	65
1.1.3 事の変化	75
1.2 出現	80
1.2.1 物の出現	81
1.2.2 人の出現	82
1.2.3 事の出現	82
1.2.4 現象の出現　「事の出現」のむすびつきの周縁として	83
1.3 移動	84
1.3.1 物の移動	84
1.3.2 人の移動	86

第5章 主体表現と客体表現の対応をめぐって　91

1. 主体変化動詞の主語と主体動作客体変化動詞の対象語	91
1.1 変化	91
1.1.1 物の変化	92
1.1.2 人の変化	97
1.1.3 事の変化	104
1.2 出現	105
1.2.1 「物の出現」における主体と客体	106
1.2.2 「人の出現」における主体と客体	106
1.2.3 「事の出現」における主体と客体	107
1.2.4 「現象の出現」における主体と客体	107
1.2.5 「出現」のむすびつきをとおして	108

2. 主体動作主体変化動詞の主語と主体動作客体変化動詞の対象語		109
2.1 「物の移動」における主体と客体		110
2.2 「人の移動」における主体と客体		110
2.3 「移動」の主体表現、客体表現をとおして		111
2.4 主体表現と客体表現の対応		112
3. 統語構造上の対応と連語の対応		115
4. 言語類型学的視点から		117
4.1 はじめに		117
4.2 古代語におけるハダカ格		117
4.3 主体動作客体変化動詞と主体動作動詞の主語		118
4.4 主体変化動詞の主語標示		121
4.5 主体動作客体変化動詞の対象語標示		123
4.6 言語タイプとしての古代日本語		125

第6章 主体表現と客体表現の中心と周辺　　129

1. 対象語標示の形態とその機能		129
1.1 動詞の作用性と対象語標示の形態		129
1.2 ヲ格とハダカ格の対照から見えるもの		132
1.3 名詞の語彙的意味からみた対象語標示の形態		133
1.4 客体表現の中心と周辺		134
2. 主語標示の形態とその機能		135
2.1 動詞の作用性と主語標示の形態		135
2.2 名詞の語彙的意味からみた主語標示の形態		137
2.3 主体表現の中心と周辺		139
3. ハダカ格のあらわすものと有助辞格のあらわすもの		140

第7章 有標識形態があらわすもの　　143

1. ノ格とガ格の類似性と相違性		143
1.1 ノ格とガ格を対照するにあたって		143
1.2 述語動詞の文法的タイプからみたノ格とガ格		144
1.3 構文的環境（句のタイプ）からみたノ格とガ格		145
1.4 主体変化動詞のつくる節		146
1.4.1 ノ格		146
1.4.2 ガ格		148
1.5 主体動作動詞のつくる節		148
1.5.1 ノ格		148

		1.5.2 ガ格	149
	1.6	主体動作客体変化動詞のつくる節	150
		1.6.1 ノ格	150
		1.6.2 ガ格	152
	1.7	構文的環境における類似性と相違性	153
	1.8	主語名詞の語彙的意味からみたノ格とガ格	153
		1.8.1 主体変化動詞の主語標示としてのノ格とガ格	155
		1.8.2 主体動作動詞の主語標示としてのノ格とガ格	155
		1.8.3 主体動作客体変化動詞の主語標示としてのノ格とガ格	156
		1.8.4 主語名詞の語彙的意味における類似性と相違性	158
	1.9	おわりに	158
2.	人名詞を主語標示する場合のノ格とガ格の相違		159
	2.1	人名詞の文法的意味区分	159
		2.1.1 ハダカ格	160
		2.1.2 ノ格	161
		2.1.3 ガ格	163
	2.2	人・普通名詞における特定性	164
	2.3	おわりに	165
3.	平安期日本語における対象語標示のヲ格再考 形態論および統語論的側面から		166
	3.1	はじめに	166
	3.2	語彙・文法的側面における有標対象語とヲ格	166
	3.3	問題の所在	167
	3.4	対象語名詞句の語構造上の形態とヲ格	168
	3.5	文構造における述語動詞との先後関係（語順）とヲ格の現れ	170
		3.5.1 単純名詞句形対象語の場合	171
		3.5.2 準体句形対象語の場合	173
		3.5.3 Miyagawa. S (1989)、金水敏 (1993) の検討	176
	3.6	ヲ格対象語の機能上の有標性	177
	3.7	おわりに	178

参考文献	181
あとがき	185
索引	187

第 1 章
研究対象としての格

　第 1 章では古代語の主語、対象語の標示に関わる名詞の格を問題にするにあたって、先行研究との関係を整理し、本書の立場を明らかにする。また、これからおこなう分析のよりどころとなる分類の提示をおこなう。この研究にとって重要な文法形態であるハダカ格はその存在をみとめることにおいて既に格という文法現象そのものを問うことにつながるような性質を具えている。本章ではハダカ格を分析対象とすることの重要性、および、格という文法現象そのものの分析のために必要となる手法についてとりあげることとなる。

1. 研究の背景として

　現代日本語において主語標示や対象語標示の機能は複数の助辞が担っているものと一般的に捉えられているが、古代日本語では助辞を用いない形態が広く用いられている。また、中国語や英語などでは何らかの形態によらずに語順によってしめされるなど、言語によってその表現形態はさまざまである。このような諸言語によって異なる格について、これまで多くの研究がなされてきた。理論的研究の主要なものとしてはロシア言語学における連語研究、ヴァレンツ理論、フィルモアの格文法（case grammer）、生成文法で説かれる項構造規則（argument structure）などが挙げられる。これらの理論的研究では動詞を中心とした名詞との語結合のあらわす意味に格標示機能を見出す点において共通性がみとめられる。ただし、後述するように、単語と単語の関係のありかたについてはおもだったものだけでも複数の見解がみとめられ、格そのものについての議論も一定の見解が得られていない状態にある。

従来、古代日本語の格についての問題は個別の助辞についての研究の一環としてとりあげられ、主語標示は助辞ノやガの問題として、対象語標示は助辞ヲの問題として捉えられてきた。これらの研究の目的は助辞の意味、用法の解明にあり、文法的な形態としての格そのものについては積極的にとりあげられてこなかったと言える。しかし、実際に文献にあたってみると奈良時代、平安時代の諸文献において「戸　さす」「涙　落つ」「心　乱る」のように主語標示や対象語標示が助辞を用いずに表現される形が広くみとめられ、このような場合、名詞の格は助辞によってしめされるのではなく、名詞と動詞のむすびつき全体のつくる意味や語順等によってあらわされているものとみることができる。

　本書では名詞の格そのものを研究対象とする立場から、助辞を用いない形態と有助辞形態の双方について名詞と動詞のむすびつき全体のつくる意味や用法の観点から記述し、両者の対照をとおして名詞の語形態およびその機能について分析をおこなう。単語と単語の関係性やむすびつき全体のつくる意味については言語学研究会編（1983）『日本語文法・連語論（資料編）』を参考にする。この研究は言語学研究会の研究成果の一つであり、「を格」を中心にしながら、名詞の形態ごとに名詞と動詞のむすびつき全体がつくる意味・用法について詳細に記述、分析したものである。

　後述の内容を先取りするかたちになるが、筆者はこれまで助辞によらずに単語と単語の関係的意味をあらわす名詞句形態と、有助辞の名詞句形態とを主語標示の場合と対象語標示の場合において対照分析することをとおして名詞句の形態論的な意味・機能について考察をすすめてきた。本書はこれまでおこなってきた記述的研究を整理し、古代日本語の主語標示および対象語標示のシステムについて考察したものである。

2. 格をめぐる理論的研究史

　前述のように、格の理論的研究のおもなものとして、ロシア言語学における連語研究、テニエルの文法理論に基づくヴァレンツ理論、

フィルモアの格文法（case grammer）、さらに、フィルモアの格文法を受け継いだ生成文法の近年の成果である項構造規則（argument structure）などがあげられる。本書では言語学研究会編（1983）『日本語文法・連語論（資料編）』の名詞と動詞のむすびつきのつくる意味的タイプを基軸とする考え方を参考にし、分析にとりいれている。言語学研究会編（1983）はロシア言語学におけるヴィノグラードフらの連語研究に基づいて、奥田靖雄を中心とする言語学研究会がおこなった研究成果の一つである。

　鈴木康之（1983）「連語とはなにか」によると連語は「ふたつ以上の自立的な単語のくみあわせで、かつ、ひとつの名づけ的な意味をあらわしている合成的な言語単位のことである。単語とおなじように、文をつくるための材料」であり、連語論は「名づけ的な意味をあらわす単位としての連語を研究対象とする文法論の分野」とされる。また、『日本語文法・連語論（資料編）』冒頭の「編集にあたって」には単語のむすびつきについての以下の説明がある。

　　たとえば、ふたつの単語がくみあわさってつくりだす単語のむすびつき方には、おおざっぱにみても、つぎのようなみっつのタイプがある。
　　a. 陳述的なむすびつき（predicative）
　　b. 従属的なむすびつき（subordinative）
　　c. 並列的なむすびつき（coordinative）

　　このようなむすびつき方のすべてを連語とみなす見解は、文法の研究史のなかにふるくからあったし、今日でも存在している。しかし、そのうちの従属的なむすびつきのみを連語とみなす見解がヴェ・ヴェ・ヴィノグラードフによってさしだされて、連語論の研究はあたらしい道をあゆみはじめた。
　　　　　　　　　　　　　（『日本語文法・連語論（資料編）』p.5）

このように連語論の対象は「従属的なむすびつき」であるとされ、一つの連語は或る核となる単語に他の単語が従属的にむすびつき、その単語の名づけ的意味をせばめて具体化することによって一つの意味のまとまりをつくるものとして説明される*1。

連語を上記のような「従属的なむすびつき」と捉える場合、名詞を中心とするもの（名詞と名詞のむすびつき）と動詞を中心とするもの（名詞と動詞のむすびつき）とに大きく分けられ、前掲の言語学研究会編（1983）は動詞を中心とした連語研究の成果ということになる。実はこのような捉え方は他の文法理論と重なる点が多い。ヴァレンツ理論は動詞を文の意味の中心とみて、動詞とむすびつく名詞（共演成分）から格を分析している点において上述の連語論の考えかたと共通性がみとめられる。フィルモアの格文法は「チョムスキーの生成文法の考えかたと、（中略）テニエルの考えかたを結びつけて、新しい文法を提唱した」（石綿敏雄1999『現代言語理論と格』）とされる。動詞を中心とした名詞と動詞の意味的な関係を「深層格」として捉えるのが特徴であるが、動詞による名詞支配の観点に立つ点は連語論や結合価理論の考え方と共通する。このフィルモアの格文法は、深層格が実際に現れる格形式としての表層格の構文的な形を左右すると説くもので、後の生成文法における項構造規則の考え方に発展した。項構造規則に関する議論の中で「内項」と呼ばれるものは同一の深層格から分化した構造的格関係（表層格）としての「主格」と「対格」であり、「外項」はそのような同一の深層格に還元できない構造的格関係としての「主格」を指す。これを受けて影山太郎（1996）『動詞意味論』では生成文法の意味格の考えにそって日本語の動詞の意味解析をおこない、動詞の意味がどのような項構造をつくるのかを決定づけるとし、構造的格関係（表層格）は動詞の意味によって決まるものとして捉えられる。

3. 本書の立場

　本書は平安期日本語の主体表現と客体表現をめぐって、主語名詞と動詞、対象語名詞と動詞それぞれの関係のありかたと名詞の語形態について記述することを第一の目的とし、続いて記述的研究をふまえて主体表現および客体表現における単語と単語の関係性のありかたと名詞の語形態について考察をおこなうことを第二の目的とする。

単語と単語の関係のありかたについては言語学研究会編（1983）の連語論の考えかたを参考にしているが、先にもふれたように、上掲書では連語を従属的な関係として捉えており、本書はこの点において異なる立場をとることになる。後述するように、平安期日本語の単語と単語の関係性には相互規定的な関係が多分にみとめられる。そこで、連語を従属的なものに限定せずにとりあげ、平安期日本語における単語と単語の関係のありかたについては分析をとおして考察することとしたい。また、連語論では主語と動詞の関係については研究対象から外されているため、主体表現については分類枠組みをあらたにつくる必要がある。そこで、本書では連語の構成要素となる動詞の重要な文法的要素の一つであるテンス・アスペクトの観点からたてられた複数の分類を参考にし、主体表現と客体表現の双方を記述できる新たな分類枠組みをたてる。

　さらに、本書では古代日本語において主体表現と客体表現がどのように形成されるかを考察するうえで影山（1996）の考え方も参考にし、構造的格関係（構造格）と連語のあらわす意味的関係（意味格）が実際にどのような対応をみせるのかについても分析をとおして検討したい。

4. ハダカ格

　助辞をともなわない名詞だけの形態があらわす用法は複数みとめられ、独立語、並列的な関係、主語や対象語などをあらわす格標示機能、また、題目提示機能をもっている場合などと多様である。本居宣長は『詞の玉緒』（1779）において「は」、「も」、「徒（ただ）」を終止形の結びを必要とする形態として挙げている。近代以降の研究においてもこの形態については題目提示機能の側面から多くとりあげられてきた。しかし、同様にこの形態の代表的な機能である主語標示機能や対象語標示機能については積極的に問われることがなく、古代語の主語や対象語の格についての研究は助辞ヲ、ノ、ガなどの分析のなかでとりあげられてきた。

　古代語では「鳥　来鳴きて」「朝顔　折りて」などのように助辞

をともなわずに単語と単語の関係性が表現される用法が広くみとめられる。本書では題目提示機能と格標示機能とは二者択一的なものではなく、同一形態における両立可能な諸側面として捉えており、格標示機能をみとめることは題目提示機能を否定することにはならないものと考えている。

　助辞をともなわない名詞だけの形態に関する格標示機能についてとりあげた研究としては、主語標示、対象語標示、また、「命　長さ」「もの言ひ　さがなさよ」のような連体修飾語標示など、その用法は特定的なものではないことから「不定格*2」とする論考もある。また、助辞がなくても他の単語との文法的関係性が特定できる場合に多く用いられるとするものや、他の有助辞形態に比べてとりたて性が弱く中立的であるとする説などがあるが、これら諸説においてもこの形態の文法的意味が分析対象として積極的にとりあげられることはなかった。

　筆者は拙稿（1999*3）においてこの形態を「ゼロ形式」とよび、その対象語標示用法に焦点をあててヲ格の用法との対照をおこなった。この研究により、助辞を用いずに単語と単語の文法的関係性をあらわすこの形態は、平安期日本語では主語、対象語などの標示において有助辞格よりもむしろ一般的に用いられる文法語形態であることが確かめられた。

　本書では現代日本語の名詞の格を体系的に位置づけた鈴木重幸（1972）『日本語文法・形態論』の考え方をとりいれ、古代語の格の一つとしてこの形態を「ハダカ格」とよび、他の格とともに古代日本語の格の体系を構成する一形態としてみている*4。

5. 主語の分析にあたって

　主語名詞は動詞との意味的関係性の濃淡によって大きく二つのタイプにわけて考えることができるが、これは連語の構成要素になりうるものと連語の構成要素にはならないものとの区分とも関わる。
　鈴木康之（1983）*5 は連語を「ふたつ以上の自立的な単語のくみあわせで、かつひとつの名づけ的な意味をあらわしている合成的

な言語単位」としており、「ひとつの自立的な単語を軸としてくみたてられ」ていて、軸となる主要な単語とその単語の意味を規定する他の単語との従属的なむすびつきによってつくられるものとしている。また、「いくつかの自立的な単語のくみあわせによってつくられる単位」であり、連語の構成要素である単語は同時に文の構成要素ともなるとしている。たとえば、「太郎が　くるみを　わった。」という文において「くるみを　わる」という連語は文の構成要素として用いられているが、それと同時に「くるみを」と「わる」は連語の構成要素でもある。一方、「太郎が」と「わる」は文の構成要素ではあるが、連語の構成要素とはならないことになる。鈴木（1983）によると複数の単語の結びつきかたには次の3つのタイプがあるという。

　　a. 相互依存的なむすびつき（陳述的なむすびつき）
　　b. 従属的なむすびつき
　　c. 並列的なむすびつき

　上記論文では連語をつくることのできるものは「従属的なむすびつき」であるとされる。「太郎が」と「わる」は主述関係をつくるくみあわせであり、文のレベルから切り離すことのできない陳述的なむすびつきと言える。冒頭で述べた主語名詞のなかで連語の構成要素とならないものとはこのような関係をつくるものである。一方、主述関係をつくるくみあわせの中には主語となる単語と述語となる単語が従属的なむすびつきをつくり、連語の構成要素として見ることが可能なものもあるとして、鈴木（1983）は「汚水が　ながれる」「電車が　うごく」のようなくみあわせについて次のように述べている。

　　　　文をはなれたところで、これらのくみあわせが、／汚水がながれる／／電車がうごく／というひとまとまりの現象の名づけであるといえるならば、連語論の対象になるものなのかもしれない。

　鈴木（1983）は「くるみを　わる」のような連語が「動作を名づけている」のに対して、「汚水が　ながれる」のような表現は「現象を名づけている」と述べ、連語として捉えられる可能性について示

唆している。

　本書では主語標示、対象語標示の機能全般を研究対象とすることから、上述の鈴木（1983）のとりあげる連語の構成要素となる主語名詞だけなく、連語の構成要素とはならない主語名詞もふくめ、文の構成要素として動詞との意味的関わりをもつ主語名詞を広くとりあげる。

6. 動詞の分類にあたって

　本書は古代語についての分析をおこなうこと、また、主体表現と客体表現における単語の関係性についてとりあげることから、以下にあげる鈴木泰（1992）『古代日本語動詞のテンス・アスペクト―源氏物語の分析―』の動詞の分類を参考にし、新たな枠組みをたてる。

　鈴木泰（1992）の動詞の分類は大枠では工藤真由美（1987）の分類を参考にし、動詞を状態動詞と運動動詞に分け、工藤（1987）の言及していない動詞については奥田（1960および1968–1972）の動詞の分類を参考にして、古代語のテンス・アスペクトにおける動詞のタイプ分けと、その動詞の主体および客体への関わりかたをしめしたものである。

　　A 主体動作客体変化動詞（人の動作＝ものの変化を表すもの）
　　　客体（基本的にはもの）の変化にむかってはたらきかけてゆく能動的＝意志的主体（本的には人）の動作を表すもの〈他動詞〉
　　B 主体動作動詞（人の動作を表すもの）
　　(1) 客体（基本的にはもの）にむかってはたらきかけてゆく能動的＝意志的主体（人）の動作を表すが、客体の変化はとらえていないもの〈他動詞〉
　　(2) 能動的主体（人）の動作を表すもの〈自動詞〉
　　C 主体変化動詞（ものの変化を表すもの）
　　　　基本的にはものの自然発生的＝無意志的な変化（変化をもたらす動き）を表すもの〈自動詞〉
　　D 主体動作主体変化動詞（人の動作＝変化を表すもの）

能動的＝意志的主体（人）の自らに変化をもたらす動作を
　　表すもの
（1）客体にはたらきかけてゆくことが主体（人）に変化をも
　　たらすもの〈再帰的な他動詞〉
（2）主体（人）に変化をもたらす動作を表すもの〈自動詞〉
E 主体動作動詞（ものの動きを表すもの）
　　　基本的にはものの自然発生的＝無意志的な動き、現象を表
　　すもの〈自動詞〉
F かかわり動詞
　　　心理的なかかわりや態度を表すもの
G 動作相動詞
　　　主に複合動詞形式や機能動詞的関係をつくって様々な動作
　　態や局面を表す
H 状態動詞　　　　　　　　　　　　　　　　（鈴木泰1992）

この分類におけるA～EおよびHは大枠で工藤（1987）の動詞の分類をとり入れたものであり、F・Gは奥田（1968-1972）「を格の名詞と動詞とのくみあわせ」の連語の分類とそれ以前につくられた奥田（1960）「を格のかたちをとる名詞と動詞とのくみあわせ」における連語の分類をとりいれ、これらを考え合わせることでたてられた枠組みである。さらに、鈴木泰（1992）は奥田（1960および1968-1972）を参考にしながらそれぞれの分類に次のような連語の下位分類を施している。

A 主体動作客体（＝物）変化動詞
　　もようがえ／とりつけ／とりはずし／うつしかえ／つくりだし／飲食／書記活動
A'主体動作客体（＝人）変化動詞
　　生理的状態変化／空間的状態変化／心理的状態変化／社会的状態変化
A"主体動作客体（＝事）変化動詞
　　出現／変化
B 主体（＝人）動作動詞
　　人の動作／ふれあい／よびかけ／相互動作／感性的認識／伝

達活動／やりもらい／ものもち
　　C 主体変化動詞
　　　物の変化／とりつけ／社会的状態変化／生理的状態変化／心理的状態変化／事の出現／事の変化
　　D 主体（＝人）動作主体変化動詞
　　　とりつけ／いきさき／とりはずし／生理的変化／再帰的動作
　　E 主体（＝物）動作動詞
　　　物の動き／人の無意志的動き／人の無意志的な再帰的動作
　　F かかわり動詞
　　　知的認識／発見／感情的態度／知的態度／表現的態度／モーダルな態度／再帰的心理的状態変化／対象的態度／関係的態度
　　G 動作相動詞
　　　動作態／局面性
　　H 状態動詞

　本書では鈴木泰（1992）の動詞の分類を参考にして動詞のタイプ分けをほどこし、その下位分類として奥田（1960）「を格のかたちをとる名詞と動詞とのくみあわせ」および奥田（1968–1972）「を格の名詞と動詞とのくみあわせ」の連語の分類を参考にし、古代語に適した形で変更を加えてあらたな分類枠組みをたてている。

　奥田（1968–1972）における「対象へのはたらきかけ」は鈴木泰（1992）の分類における「主体動作客体変化動詞」が基軸となってつくるむすびつきに相当するもので、客体変化の連語をつくる。客体変化の連語は「塀を　くずす」「人を　よびよせる」「歓迎会を　ひらく」「誤解を　とく」のように、動詞であらわされる作用により「はたらきかけをうける物や人や現象などに、なんらかの変化がひきおこされる」（奥田 1968–1972）ことをあらわす。

　主体変化の連語は鈴木泰（1992）の分類における「主体変化動詞」が基軸となってつくるむすびつきに相当する。主体変化の連語は「扉が　あく」「風が　吹く」「人が　くる」「会が　終わる」「疑問が　とける」のように、名詞であらわされる物や人、現象や状態などが動詞であらわされる変化や動作をひき起こすことをあらわす。

なお、主体変化の連語と客体変化の連語の対応を検討する上で、便宜上、連語の下位分類には「物の変化」「事の変化」などの同一名称を用いるものとする*6。

7. 主体表現および客体表現の枠組み

本書では先行研究をもとに次のような枠組みを立てる。A〜Eの分類は客体変化の連語をつくるものが上方に、主体変化の連語をつくるものが下方になるように並べ替えたものとなっている。A〜Fは鈴木泰（1992）の動詞の分類を参考に、主体表現と客体表現の対照分析に適するように組み替えたものである。なお、鈴木泰（1992）における「動作相動詞」および「状態動詞」は本書ではとりあげないものとする。

動詞の分類の下位分類として示したのは、その動詞がつくる連語のタイプである。これは先にも述べたように奥田（1960および1968-1972）の連語の分類を参考にしたものである。A「主体動作客体変化動詞」およびF「主体変化動詞」の連語については、はじめに動詞のあらわす作用の質により「変化」、「出現」等の上位分類を施し、その後に名詞の語彙的意味に従って下位区分を施している。

第3章、第4章においておこなうハダカ格と有助辞格の対照、および第5章でおこなう主体表現と客体表現の対応関係についての分析はこの分類にしたがうものとする*7。

A 主体動作客体変化動詞

「客体（＝物・人・事）の変化にむかってはたらきかけてゆく能動的＝意志的主体（＝主に人）の動作を表すもの〈他動詞〉」*8

◎ A-1 変化（A-1-1 物の変化／A-1-2 人の変化／A-1-3 事の変化）

◎ A-2 出現（A-2-1 物の出現／A-2-2 人の出現／A-2-3 事の出現／A-2-4 現象の出現*9）

○ A-3 移動*10（A-3-1 物の移動／A-3-2 人の移動*11）

B 主体（＝主に人）動作動詞
客体（＝主に物）にむかってはたらきかけてゆく「能動的＝意志的主体（人）の動作を表すが、客体の変化はとらえていないもの〈他動詞〉」
　○ B–1 飲食／○ B–2 所有／○ B–3 ふれあい／○ B–4 よびかけ

C かかわり動詞
能動的＝意志的主体（＝主に人）の行動的な態度や認識的・心理的なかかわりをあらわすもの
　○ C–1 動作的かかわりのむすびつき
　　　C–1–1　動作的態度／C–1–2　関係的態度
　○ C–2 認識的かかわりのむすびつき
　　　C–2–1 認識（感性的認識／知的認識／発見）
　　　C–2–2 通達活動
　　　C–2–3 態度（感情的態度／知的態度／評価的態度／モーダルな態度）
　　　C–2–4 動作の内容規定

D 主体動作動詞
　D–1 主体（＝人）の動作
　　基本的に対象をもたない能動的主体（＝人）の動作をあらわす。〈自動詞〉
　　D–1–1 人の動作／D–1–2 人の相互動作／D–1–3 人の無意志的動き
　D–2 主体（＝物）の動作
「基本的には自然発生的＝無意志的なものの動きを表すもの〈自動詞〉」

E 主体動作主体変化動詞
　E–1　移動
　　E–1–1　物の移動

E–1–2　人の移動
　E–2　とりつき
　E–3　生理的な動き

F 主体変化動詞
　主体（＝物・人・事）の「自然発生的＝無意志的な変化を表すもの〈自動詞〉」
　◎ F–1 変化（F–1–1 物の変化／F–1–2 人の変化／F–1–3 事の変化）
　◎ F–2 出現（F–2–1 物の出現／F–2–2 人の出現／F–2–3 事の出現／F–2–4 現象の出現）

　動詞の文法的タイプによる大分類をたてたのち、単語と単語のむすびつき全体のつくる意味によって下位分類をほどこし、連語の構成要素となる名詞句の語形態、語彙的意味の現れなどを記述していくことになる。

　項構造規則の「内項」にみられるような対応関係は「変化」に関わる表現において典型的に現れることから、具体的には上記の分類のA主体動作客体変化動詞のつくる客体変化の連語とF主体変化動詞のつくる主体変化の連語を中心に対照することになる*12。

　統語構造上の主体表現と客体表現の対応関係は「くるみを　わる」と「くるみが　われる」のような関係にあたる。「くるみをわる」は客体変化の連語であり、「くるみがわれる」は主体変化の連語である。主体変化の連語は客体変化の連語における対象語を主語に据えて表現したものと捉えることができ、ここにおいて、主体表現と客体表現の連語の間に統語構造上の関連性が認められることになる。

　本書は平安期日本語の主体表現および客体表現に関わる名詞の語形態とその用法について分析することを主たる目的とするが、加えて、上記のような統語構造上の関連性が考えられる主体表現と客体表現とを連語のレベルで対照することにより、統語構造上の対応関係が平安期日本語の名詞や動詞の語彙的意味、および名詞と動詞のむすびつき全体のつくる意味などとどのように関わるのかといった

点についても検討をおこないたい。

＊1 『日本語文法・連語論（資料編）』にはさらに次のような説明がある。「連語が従属的なむすびつきのうえに成立している単語（自立語）のくみあわせであるとすれば、連語は、他の単語を従属させる構成要素と他の単語に従属する構成要素とからなりたっているのは当然である。他の単語を従属させる構成要素のことをかざられとよび、他の単語に従属する構成要素のことをかざりとよぶことにする。」(p.7)
＊2 村山七郎（1956）「万葉語の語源」『国文学 解釈と鑑賞』21-10 などによる。
＊3 高山（1999）「源氏物語におけるゼロ形式の対格表示性について」（平成10年度 修士論文）
＊4 鈴木重幸（1972）ではハダカ格について次のような説明をしている。「これは名詞の基本的な格であって、格のくっつきのついていないこと（格のくっつきゼロ）が形式上の特徴となっている。」「くっつき」とは付属辞をさしている。
＊5 鈴木康之（1983）「連語とはなにか」『教育国語』73
＊6 第5章では両者の対照をおこなうが、主体変化の連語と客体変化の連語を別種の括弧によって表記し区分している。（主体変化 {　}、客体変化 [　]）
＊7 主体表現と客体表現の対応のある連語には◎を、主体表現、客体表現どちらか一方においてのみ連語をつくり、対応のないものには○を付した。
＊8 「　」は（　）内の補記以外は鈴木泰（1992）における動詞の分類の説明による。
＊9 主体変化、客体変化の両連語において「事の出現」の周縁として「現象の出現」の分類枠組みをたてる。
＊10 「移動」のむすびつきは客体変化の連語においてのみつくられる。対応する主体表現は主体動作主体変化動詞と主語のくみあわせとして実現する。
＊11 主体変化、客体変化の連語ともに「事の移動」をあらわすむすびつきはつくられない。
＊12 分析の中心となる主体表現と客体表現の連語については分類記号を□で示した。

第2章
古代日本語の名詞の格に関する研究

　第2章では古代日本語における主語、対象語をあらわす名詞の格の問題がこれまでの研究においてどのようにとりあげられてきたかについて整理する。古代日本語の主語標示、対象語標示どちらの機能についても助辞をともなわない形態については積極的に問われてこなかったことについては前述のとおりである。その結果、格標示機能は助辞の文法的意味・機能のなかにもとめられてきた。以下、第1節では対象語標示機能について、第2節では主語標示機能についてとりあげる。

1. 対象語をあらわす名詞の格に関する先行研究

　従来の古代語の格に関する研究ではガやヲなどの助辞の担う意味・用法の分析に中心が置かれてきた。助辞ヲの場合、対象語標示としての機能を担っているのかどうか、また、格助辞なのか間投助辞的なものなのかといった出自を問う議論が積極的におこなわれてきた。助辞ヲの機能については山田孝雄（1950）よる三分類に基づく間投助辞的なものから「対格」の用法が生じたとする通説のほか、助辞を用いない用法は「不定格」であり対象語標示は助辞ヲが担う機能であるとし、助辞ヲの間投助辞的用法は格助辞としての用法から転用されたものとみる説など、その起源については推論的にとかれることもあった[*1]。

　推論の域を出ないこれらの諸説に対し、松尾拾（1944）は助辞ヲの機能の問題を対象語標示に的を絞ってとりあげた点に意義がある。松尾（1944）は対象語標示には「助詞を用ゐない方法」と「『を』をもちゐる方法」との2方法があることに着眼し、両者の用法の異なりを見出すことで助辞ヲの対象語標示の機能上の特性を

確認しようとしたものである。松尾（1944）は平安初期の文献調査をもとに、2方法の区分が「動詞の意味による区別ではない事は明瞭」であり、また、名詞と動詞との関係性（「客述関係」）にもないが、名詞の意味（「客語の上」）において現れるとする。しかし、その区分にも一貫した基準が見出せないことを根拠に、「『を』は格標示の記号ではないと結論せざるを得なくなった」と述べている。

松尾（1944）の研究は一貫した基準が見出せなかった対象語標示の2方法の区分について検討し直すことで新たな基準を立てる方向へは向かわず、むしろ、消極的に結論づけた「『を』は格標示の記号ではない」ということを受けて、ヲの対象語標示性を否定する方向へと展開された。

小山敦子（1958）は『源氏物語』において松尾（1944）の示した対象語標示の2方法について使用場面のタイプ分けを行い、出現頻度から、「を」は「主情的な強調」であるとし、これを根拠に「格標示の記号ではない」と結論づける。また、松本季久代（1976）は『記紀歌謡』において「助詞を要さずとも格が明瞭な場合には助詞は用いられなかったが、不明瞭な場合には用いられた」という仮説をもとに松尾（1944）の示した対格標示の2方法について対照を行い、「格が明示されるためにはヲが役立った」ことをみとめながらも、「を」の本質は「対象限定の機能」であり、文献初期において「を」は「格標示記号ではない」と結論づける。

これらの論説におけるヲの諸用法についての指摘は示唆に富むものの、近藤泰弘（1989）も説くように、「格助詞性と強調・限定などの感情とは必ずしも両立し得ないものとは考えられない」ため、ヲの対象語標示機能を否定したことにはならない。

上述の松尾（1944）、小山（1958）、松本（1976）の諸研究では、ヲ格と対照的にハダカ格がとりあげられているにも関わらず、分析の中心が助辞ヲの意味・用法に置かれるため、対象語標示そのものの分析とはなっていない。これに対し、木之下正雄（1968）は松尾、小山らの研究を受けて「感動助詞のヲ」と「対格・接続助詞のヲ」との関係について分析し、ヲに対象語標示機能をみとめた上で、対象語標示の形態である「助詞ナシ」と「ヲ」を複数の観点から対

照している。具体的には動詞・名詞・「文の構造」・「表現の性質」・「連体法、準体法、終止法」などの各用法における両形態の現れ方を考察し、両者の違いが「ヲ格名詞句が対象にとって感情的に強く意識される対象であること、また、対立の重みからくる動詞との結合の強さ」にあるとしている。また、「感動の意味は表現全体から感じ取れるものである可能性があり、感動的な場面ではヲを用いるような構造の文が多用されるとも考えられる」とし、「感動助詞のヲと対格・接続助詞のヲとは切り離して考えるべきである」と結論づけている。

　ヲに対象語標示機能をみとめ、実際にこの機能に焦点を当てて分析をおこなったのは、先にあげた近藤（1989）である。本書はハダカ格の題目提示機能や格標示機能を一つの形態にそなわる異なる側面として捉えるのと同様に、間投助辞的な機能と対象語標示機能とはヲ格にそなわる両側面として捉えており、近藤（1989）と同じ立場をとる。

　以上のように、助辞ヲについては従来より多くの研究があるが、対象語標示のもう一方の形態であるハダカ格についてはヲ格との対照からヲ格に見られるような要素がない対象語標示の形態として捉えられてはきたものの、その文法的な意味が積極的に問われることはなかった。単語と単語の関係性のありかたとしての対象語標示そのものについての研究は課題となっていたといえる。

2. 主語をあらわす名詞の格に関する先行研究

　古代日本語において主語名詞と述語動詞との関係をあらわす名詞の形態としてハダカ格が一般的に用いられながら、従来の研究においては、ハダカ格は「不定格」として捉えられたり、また、その用法の中心が題目提示機能にあると考えられ、対象語標示の場合と同様にこの形態の格標示機能については積極的に検討されてこなかった。ここにおいても研究の中心は主語名詞と述語動詞の関係そのものではなく、主語標示の場合に用いられる助辞の分析におかれてきた。ただし、主語標示の場合には従来から助辞ノやガに格標示機能

をみとめる立場が多くとられ、その機能的類似性から両形態が對照されてきた。

　　然るに、上代においては連體格助詞として「つ」「な」「の」「が」はよく似た位置に使はれてゐて、特に「の」「が」はともに主格助詞としても相似た意味・機能を持ち、それが分化するとはいへ後世まで生命を保つてゐる助詞として古來注目されてゐる。
　　　　　　　　　　　　　　　　　　　　　　　　（浅見徹 1956）

　古代語の助辭ガの連体格用法から主格用法が派生した歴史的過程については石垣謙二（1955）において実証的に論じられている。助辭ノが平安期にやはり連体格用法から単文における主格用法を発達させた経緯については浅見徹（1966）の論考がある。

　また、前述のように助辭ノとガは用法上の類似性から対照的にとりあげられ、尊卑の差、内と外、親疎などの語彙・文法的側面における両形態の差異について多くの指摘がなされてきた（石垣謙二 1955*2、青木伶子 1952、壽岳章子 1958、大野晋 1977 など）。

　主語標示機能も含め、助辭ノ、ガの文法機能について積極的にとりあげた論考としては上記の石垣（1955）、浅見徹（1966）のほか、大野晋（1977）などがあげられる。大野晋（1977）ではノ、ガの上接語、下接語についての詳細な分析がおこなわれており、両助辭の用法上の差異を考えるうえで、また、両助辭の主語標示用法が成立する背景を考えるうえで、現在の研究に引き継がれる有益な指摘がなされている。

　上記の先行諸研究をふまえ、古代語の助辭ノ、ガの諸文法機能の関係性についてとりあげ、その中核となる性質について論じたものとして野村剛史（1993 a, b）があげられる。野村（1993b）は万葉集におけるノとガの統語構造上の分布を調査した上で両助辭の諸用法の関係について分析をおこない、助辭ノの用法に（ア）主格用法、（イ）比喩的用法、（ウ）同格用法、（エ）所有格用法、（オ）その他の連体用法、といった五種をみとめている。このうち、ノ、ガ両形態にみとめられる主格用法には「強く一体的な句の内部にあって主語を表現する、という特徴が認められる」（p.26）としている。また、野村（1993a）では上代の助辭ノ・ガの主格用法について、

「「体言ノ・ガ」は、事柄の実体的中心者であっても述語と対立しない。それはあくまでも修飾語であって、被修飾語と結局は一体的である。その結果ノ・ガは一文の、というより独立性の高い句の主語にはなれない」(p.14)としている。

　上記のような助辞ノ、ガについての先行研究をふまえながら、本書では有助辞格(ノ格、ガ格)とハダカ格の対照をとおして古代語の主語標示機能について考察をおこないたい。冒頭にも述べたように、ノ格、ガ格はそれぞれ主語標示を担う形態ではあるが、古代日本語において主語名詞と述語動詞との関係をあらわす名詞の一般的形態はハダカ格であり、ハダカ格の主語標示用法の分析をせずに古代語の主語標示機能そのものを問うことは難しい。

　このような理由から、本書では述語動詞とむすびつく主語名詞の語形について、ハダカ格と有助辞格とを対照的に記述し、その分析をとおして両形態の主語標示機能における差異を明らかにするとともに、各形態の機能分担の様相から古代語の主語標示システムについて考えてみたい。

───────

＊1　木之下正雄(1968)、松本季久代(1976)では〈間投→対格〉の通説とともに村山七郎(1956)「万葉語の語源」『国文学　解釈と鑑賞』21-10による〈対格→間投〉説も紹介されている。
＊2　青木伶子(1952)ではガとノの用法が連体助詞から主格助詞へと辿っており、両助詞が尊卑によって使い分けられていることについては石垣謙二(1940)「國語主格史論」(卒業論文)に論じられているとの指摘がある。

第3章

ハダカ格と有助辞格 I
主語標示

　「主語」については角田太作(1991)が「意味役割のレベル、格のレベル、情報構造のレベルと文法機能のレベル」の四つを区別する必要を説くように、「主語」には広範な文法的問題が含まれている。本書では、「主語」のこうしたそれぞれのレベルは一つの文法現象における諸側面であり、それぞれが排他的なものであるとは考えていない。その上で、古代日本語における主語標示について、特に「文法機能レベル」に焦点をあてて分析をおこなう。

　第3章では主語名詞の現れを動詞のタイプごとにとりあげる。具体的には主体変化動詞、主体動作動詞、主体動作主体変化動詞の各動詞の主語名詞についてとりあげる。本書では単語と単語のむすびつき（連語）を文のコトガラ的意味を形成する単位として捉え、むすびつき全体によってつくられる意味を分析の基礎にすえている。名詞と動詞のむすびつきがあらわすコトガラ的意味にしたがって、主体変化動詞のつくるむすびつきに「変化」「出現」等の下位区分をほどこして分析をすすめる*1。

　なお、分析は前掲の分類表に基づいておこなうものとする。主体変化と客体変化の連語を対照することから、主体変化の連語と客体変化の連語は同一の名称（「変化」「出現」）でよんでいる。「変化」「出現」の各むすびつきは広義の「変化」として捉えることができるが、むすびつきの名称としての「変化」は狭義で用いており、具体的には分類表（p.11〜13）のA–1「変化」（客体変化）とF–1「変化」（主体変化）を指すものとする。

1. 主体変化動詞とむすびつく主語名詞

1.1 変化
　主体変化の「変化」のむすびつきは主語名詞句の語彙的意味にし

たがって「物の変化」「人の変化」「事の変化」の各区分がほどこせる。以下、「物の変化」のむすびつきから順にとりあげる。

1.1.1　物の変化
1.1.1.1　もようがえ

　主体変化の「物の変化」は連語全体のつくる意味によってさらに「もようがえ」「とりつけ」「とりはずし」の下位カテゴリーに区分できる。「もようがえ」は他から与えられた具体的な作用の結果として、または自然発生的に変形や様変わりが生じることをあらわす。「もようがえ」の変化主体には種種の物質的なものをあらわす名詞の他に、自然物をあらわす名詞や現象（物）をあらわす名詞がたつこともあり、それぞれの名詞の語彙的意味に応じてむすびつく動詞もそれぞれに異なる。「枕」「大殿油」「築地」などの物質的な物をあらわす名詞が主語となる場合には「消ゆ」「崩る」などの動詞が述語としてえらばれ、「紅梅」「下草」「枝」などの自然物をあらわす名詞が主語となる場合には「色づく」「咲く」「結ぼほる」などの動詞が述語としてえらばれる。また、「月」「日」「雪」「こほり」などの現象（物）をあらわす名詞が主語となる場合には「さしあがる」「消ゆ」「と（溶）く」などの動詞がえらばれる。以下、主語名詞句の語彙的意味に即して述べる。

　① 　物のもようがえ（φ 11：ノ 12）

　主体変化の「もようがえ」のむすびつきは「大殿油　消えにける」「袂　濡るる」などのように、物質的な物において生ずる具体的な変化をあらわす。他の能動的主体によるはたらきかけの結果、または自然発生的に生じる変化をあらわしている。

　物名詞を主語とする「もようがえ」は、後述する自然物名詞や現象（物）名詞を主語とする場合に比べて用例が少ない。次章でとりあげる客体変化の連語においては物名詞を対象語とするむすびつきが豊富な用例分布をみせることを考えあわせると、物名詞は主体表現としてよりも客体表現のなかで用いられる傾向をもっていることがうかがえる。

物名詞を主語とする「もようがえ」のむすびつきの場合、主語標示の形態はハダカ格、ノ格はほぼ1対1の割合でみとめられ、他のむすびつきに比べてノ格の用いられる割合が高い。

　ハダカ格
　三の口　開きたり／枕　浮くばかりに／大殿油　消えにける／築地　所どころ崩れてなむ／袂　濡るる／火焼屋　かすかに光りて

　ノ格
　妻戸の　開きたる／むかひたる廊の、上もなくあばれたれば／袖の上の玉の　砕けたりけむ／池の　凍れるに／鍵の　いといたく銹びにければ／白き衣の　いひしらず煤けたるに」

　②　自然物のもようがえ（φ 19：ノ 19）
　主体変化の「自然物のもようがえ」のむすびつきは「紅葉　むらむら色づきて」「下葉　枯れたる」などのように、実体のあるものにおいて生じる具体的な変化をあらわす点においては「物のもようがえ」と共通性がみとめられる。この点において「自然物のもようがえ」は「物のもようがえ」と次にとりあげる「現象（物）のもようがえ」との中間的なカテゴリーといえるだろう。「自然物のもようがえ」では花や草木などの変化能力をみずから具えた自然物名詞を主語とし、自然発生的変化やみずからが主体的にひき起こす変化をあらわす。
　連語を構成する動詞については、「自然物のもようがえ」には「しほる」「色づく」「結ぼほる」「咲く」といった「物のもようがえ」においてはみとめられなかったような単語が用いられ、「物のもようがえ」との差異がみとめられる。
　主語名詞の形態についてはノ格の出現率が比較的高い点では前述の「物のもようがえ」と同様であるが、ハダカ格、ノ格ともに多くの用例がみとめられ、主体変化の「もようがえ」のむすびつきのなかで中心的な表現となっていることがうかがえる。両形態ともに「いろづく」「さく」「ちる」「〜なる」などの共通した動詞を多く連

第3章　ハダカ格と有助辞格Ⅰ　　23

語の構成要素とすること、また、名詞の側においてもともに草木や花などの植物をあらわす名詞を多く構成要素としており、両形態の間にむすびつきの面での際立った異なりはみとめられない。

　ハダカ格
　紅葉　むらむら色づきて／階の底の薔薇　けしきばかり咲きて／対の前の藤、常よりもおもしろう咲きてはべる／植ゑし若木の桜　ほのかに咲きそめて／かざしの紅葉　いたう散りすぎて／南殿の桜　盛りになりぬらん／紫苑　ことごとに匂ふ／雪間の草　若やかに色づきはじめ／前栽の花　いろいろ咲き乱れ／瓶の桜　すこしうち散り紛ふ／紅葉　やうやう色づきわたりて

　ノ格
　紅葉の　やうやう色づく／菊の　色々うつろひ／橘の木の　埋もれたる／おもしろき樺桜の　咲き乱れたるを／紅梅の　咲き出でたる／花どもの　しをるるを／桜の　散りすぎたる／松の　木高くなりにける／前栽どもの　折れ臥したる／菊の　いとおもしろくうつろひわたるを／御前の前栽の、何となく青みわたれる／大なる木の枝などの　折るる

③「現象（物）のもようがえ」（φ 19：ノ 5）
　主体変化の「現象（物）のもようがえ」は現象（物）名詞と「す（澄）む」「あがる」「た（長）く」「さしい（入）る」などの状態および位置的変化をあらわす動詞とのむすびつきである。物名詞、自然物名詞の他に「月」「日」「露」「玉水」などの現象をあらわす名詞がみとめられ、本書ではこれを「現象名詞」とよんでいる。現象名詞は自然物名詞に含めて捉えることもできるが、さしのぼってはじめて「日」となるように、或る運動とともにその存在が生じるような性質をもち、他の物的名詞や自然物名詞に比べて指示対象の実体性が乏しい点において両者は区分できる。なお、「物の変化」のむすびつきにおいては視覚的に物的に捉えられる現象名詞だけをとりあげており*2、それ以外の「風」「香」などの現象名詞は「事の変化」のなかでとりあげている。

24

次章でとりあげる客体変化の連語には用例がみとめられないことから、原則的に主体変化の連語として表現されるものと考えられるが、これは現象名詞がみずから変化をひきおこす主体として表現される傾向をもっていることと関連するものと考えられる。
　以下、主語標示の形態ごとに代表的な用例をしめす。
　ハダカ格
　月　いよいよ澄みて／日　やうやうさしあがりて／塵　積もりぬる／この雪　すこしとけて／うす氷　とけぬる／こほり　とぢ／日　たけて／月　入り方になりて／日　高くなれど

　ノ格
　月の　入りはつる／露の　はえなく消えぬる／燈火などの　消え入る／玉水の　こぼるる／月の　曇りなく澄みまさりて

　以上が主体変化の「もようがえ」のむすびつきである。このむすびつきにおいては物名詞よりも自然物名詞や現象（物）名詞が主語となることが多く、自然発生的な変化として表現される傾向がみとめられる。主語標示の形態としては物名詞、自然物名詞の場合にはノ格がハダカ格と同程度に用いられるが、現象（物）名詞の場合にはハダカ格が大半を占める。

　1.1.1.2　とりつけ
　「とりつけ」のむすびつきは他から作用を受けた結果として、または自然発生的に、他の物に付着するという変化が生じることをあらわす。付着する相手先をあらわすニ格名詞句が連語の構成要素として含まれるが、顕在することはほとんどない。
　上述の「もようがえ」のむすびつきと同様に、「とりつけ」のむすびつきにおいても主語名詞の語彙的意味にしたがって「物のとりつけ」、「自然的物のとりつけ」、「現象（物）のとりつけ」に下位区分がほどこせる。以下、順にとりあげる。

①「物のとりつけ」(φ3：ノ7)

「絵ども　入りたる」「髪の　かかれる」のようなむすびつきで、「灰」「髪」「紋」などの物的名詞を主語とし、他から作用を受けた結果として、または、自然発生的にニ格で示される対象に付着するという変化をあらわす。動詞には「い（入）る」「お（落）つ」「かかる」「つく」などが用いられる。

主語標示の形態に即してみると、ハダカ格、ノ格ともに積極的な分布はみとめられない（ハダカ格3例、ノ格7例）が、ノ格はハダカ格の2倍以上みとめられ、他のむすびつきに比べて出現率が高くなっている。両形態ともに「い（入）る」「お（落）つ」などの動詞を述語とするといった共通性がみとめられるが、主語名詞の語彙的意味には差異がみとめられる。ハダカ格の場合もノ格の場合も物名詞を主語標示する点では同様であるが、「髪」や「灰」などの集合性を具えた名詞はノ格によって標示される傾向がある。

　ハダカ格
　殿に古きも新しきも絵ども　入りたる御廚子ども／また畳紙の手習などしたる、御几帳のもとに*3 落ちたりけり／興ある紋　つき

　ノ格
　さるこまかなる灰の、目鼻にも入りて／わが御髪の　落ちたりけるを／髪の　かかりたる／御髪の　いとめでたくこぼれかかりたるを

②「自然物のとりつけ」(φ0：ノ1)
主体変化の「自然物のとりつけ」のむすびつきは次にしめすノ格の1例のみである。
　ノ格
　切懸だつ物にいと青やかなる葛の　心地よげに這ひかかれるに（夕顔）

花や草木などの植物をあらわす名詞を主語とし、ニ格で示される

対象に付着するという変化をあらわす連語である。主語名詞は他から与えられた作用による変化ではなく、みずからひき起こした変化の主体として表現されている。ただし、「とりつけ」のむすびつきは上記の1例のみであり、主体変化の連語としては表現されにくいことがうかがえる。

③「現象（物）のとりつけ」（φ1：ノ0）
このむすびつきは次にしめすハダカ格の1例のみである。
　　ハダカ格
　　しほじ　まざらましかば

　現象（物）名詞がニ格で示される対象に付着するという変化をあらわす。ノ格の用例はみとめられない。ハダカ格も1例のみで、主体変化の連語としてはつくられにくいことがわかる。
　なお、後にとりあげる客体変化の「とりつけ」のむすびつきにおいても現象（物）名詞が対象語として現れることは少なく、主体変化の連語においても客体変化の連語においても現象（物）名詞は「とりつけ」のむすびつきの構成要素になりにくいことがうかがえる。

④「動物のとりつけ」（φ0：ノ0）
　主体変化の「動物のとりつけ」のむすびつきの用例はみとめられない。
　後にとりあげる客体変化の「とりつけ」のむすびつきにおいても豊富な用例はみとめられないが、「駒　並む」「鳥　ひきつく」などのむすびつきがつくられる。

　以上が主体変化の「とりつけ」のむすびつきである。「もようがえ」のむすびつきと比べ、全体的に用例分布が少ない。このむすびつきのなかでは物名詞の主語が比較的多くみとめられ、主語標示の形態にはノ格が用いられる傾向がある。自然物名詞、現象（物）名詞が主語となることは少ないが、自然発生的な変化として表現され

る傾向がある。

1.1.1.3 とりはずし
主体変化の「とりはずし」のむすびつきは主語名詞の語彙的意味の違いに関わらず、物名詞、自然物名詞、現象（物）名詞いずれの場合にもみとめられない。

1.1.2 人の変化
主体変化の「人の変化」のむすびつきは人や人の身体に生じる自然発生的な変化をあらわす。この種の連語は変化の様相に従って「生理的状態変化」「心理的状態変化」「社会的状態変化」の下位区分をほどこすことができる。以下、下位区分ごとに順にとりあげる。

1.1.2.1 生理的状態変化
このむすびつきは主語が人名詞である場合と人の身体部位をあらわす名詞である場合とがみとめられ、本書ではそれぞれ「人の生理的状態変化」、「身体部位における生理的状態変化」とよんで区分している。

「人の生理的状態変化」のむすびつきよりも「身体部位における生理的状態変化」のむすびつきが多くつくられており、身体部位をあらわす名詞を主語とする表現が中心となってつくられるむすびつきといえる。

以下、むすびつきのタイプごとに順にとりあげる。

①人の生理的状態変化（φ24：ノ11：ガ3）
「人の生理的状態変化」のむすびつきは「院　崩れさせたまひ」「人　しづまる」などの主体変化をあらわす連語で、人名詞を主語とし、「う（失）す」「おとな（大人）ぶ」「くず（崩）る」などの動詞とくみあわさることによって、人に生じる生死、成長といった生命活動に関わる自然発生的な変化をあらわす。

主語標示の形態はハダカ格で現れる傾向があるが、「人の変化」のむすびつきの中ではノ格の用いられる割合が比較的高く、さらに、

ガ格が用いられる点は特徴的である。

ハダカ格
太政大臣　亡せたまひぬ／帝　大人びたまひなば／院　崩れさせたまひ／我　先立たましかば／人　しづまる／この君　ねびととのひたまふままに／この人　いかになりぬるぞと／この皇子　三つになりたまふ／かの四の君の御腹の姫君　十二になりたまふを／かの尼上　いたう弱りたまひにたれば

ノ格
父親王の　亡せたまひにし／子の　大人ぶるに／まめ人の　ひきたがへ、こまがへる／親の　立ちかはり痴れゆく／かの若君の　四つになる／母君の　おはせずなりにける／上の　いますこしもの思し知る齢にならせたまひなば／いと盛りに、にぎはは しきけはひしたまへる人の、すこしうち悩みて、痩せ痩せになりたまへる／関守の　うちも寝ぬべき気色に思ひ弱りたまふなるを

ガ格
まろが、かくかたはになりなむ／いたうそびやぎたまへりしが、すこしなりあふほどになりたまひにける／その家なりける下人の病しけるが、にはかに出であへで亡くなりにけるを

②身体部位における生理的状態変化（φ96：ノ7）
「身体部位における生理的状態変化」のむすびつきには「面　赤みて」のように現実のできごとをそのまま言葉でうつしとって表現する場合と、「胸　あ（開）く」のように現実には起ることのないできごとを比喩的に表現する場合とがみとめられる。本書では前者を「身体部位の生理的変化」、後者を「比喩的な身体部位の生理的変化」とよび区別する。「比喩的な身体部位の生理的変化」はむすびつき全体のつくる意味が抽象的であることから、後にとりあげる「事の変化」のむすびつきとして扱うこともできる。「身体部位の生理的変化」に比べて多数の用例が確認でき、頻繁に用いられていた表現であることがうかがえる。

②-1 身体部位の生理的変化（φ29：ノ5）

　「身体部位の生理的変化」のむすびつきは「面　赤みて」「目　覚めて」のように、身体部位をあらわす名詞が主語にたち、自然発生的な変化をあらわす。「生理的状態変化」のむすびつき全般において人名詞を主語とする連語は少なく、身体部位をあらわす名詞を主語とする連語が多くつくられる。また、その場合の主語標示の形態はハダカ格で現れやすい。現実のできごとをうつしとった表現である点において、次にとりあげる「比喩的な身体部位の生理的変化」のむすびつきとは異なる。

　　ハダカ格
　　顔　すこし赤みて／面　赤みて／頬つき　赤める／目　覚めて／口　うちすげみて／胸　せき上ぐる／目　つぶれ／口　ふたがる／御手　震ひにけり／面　痩せて／ほほ　ゆがむ／足　折れたまへり

　　ノ格
　　面の　いたう赤みたるを／御歯の　すこし朽ちて／眉の　けざやかになりたるも／髪の　乱るる／御声の　わななく

②-2 比喩的な身体部位の生理的変化（φ67：ノ2）

　くり返し述べることになるが、このむすびつきは現実のできごととしての変化ではなく、身体部位に生じた生理的な変化を比喩的に表現している。「胸　つぶ（潰）る」というとき、実際に生じる生理的、物理的な変化をあらわしているのではなく、「まるでつぶれてしまうような」心境をあらわしている。「胸　つぶ（潰）る」「胸　ふた（塞）がる」「胸　あ（開）く」「胸　こが（焦）る」「胸　せきあぐ」「胸　さわ（騒）ぐ」といった名詞「胸」を主語とするむすびつき、また、「御目　と（止）まる」「目　うつ（移）る」「目　く（暮）れまど（惑）ふ」といった名詞「目」を主語とするむすびつき、「耳　た（立）つ」「耳　とど（止）まる」「耳　と（止）まる」といった名詞「耳」を主語とするむすびつきが特に多くつくられるが、これらは現実に生じた変化をあらわしているので

はない。具体的な表現をとりながら、むすびつき全体で心理的、認識的な状態変化をあらわしているのである。このむすびつきの構成要素として「と（止）まる」「とど（止）まる」「な（鳴）る」「なら（並）ぶ」などの動作動詞が頻繁に用いられるが、このむすびつきのなかで用いられる場合、名詞の語彙的意味の抽象性によって、動作というよりはむしろ変化に近い意味にずれをおこしている。

　なお、これらのむすびつきの中には表現が固定化し、自由なむすびつきを離れて慣用的に用いられているものがある。慣用的な表現になると連語としては分析しにくくなるが、本書では客体変化の連語との対応関係を分析する上で、「目　な（馴）る」のような使用頻度の極端に高い表現を除きこれらのむすびつきもとりあげている。

　「身体部位における生理的状態変化」のむすびつき全体では「足折る」のように現実のできごとをあらわす連語（「身体部位の生理的変化」）が 34 例、「耳　立つ」のように身体部位における変化をあらわす連語のかたちを借りて人の心理的、認識的な状態変化を比喩的にあらわす連語（「比喩的な身体部位の生理的変化」）が 69 例見られる。用例数からもわかるように、このカテゴリーの連語は比喩的表現に偏ってつくられ、その場合の主語標示の大半はハダカ格のかたちをとる。ノ格は「身体部位の生理的変化」においても「比喩的な身体部位の生理的変化」においてもわずかな用例しかみとめられない。

　「比喩的な身体部位の生理的変化」のむすびつきは「身体部位の生理的変化」のむすびつきに比べて慣用化・常套表現化しているものが多くみられ、より古い用法であることが推察される。上述のように「比喩的な身体部位の生理的変化」のむすびつきは「身体部位の生理的変化」のむすびつきに比べて多くつくられ、その主語標示の大半はハダカ格であることを考えると、ハダカ格はこの種のむすびつきにおけるより古い主語標示の形態であると考えられる。

　　ハダカ格
　　胸　あくばかりと／目　移りて／目　おどろきて／目　くれまどひて／胸　こがるる／胸　うちさわぎて／耳　立たずかし／

腹　立ちて／胸　つぶれて／御目　とどまらぬ／御耳　とどまらむをや／目　とまりたまふ／耳　とまり／口　馴れたまひにけりな／耳　馴れたまはぬ／胸　つぶつぶと鳴る／胸　塞がる*4

ノ格
胸の おきどころなく騒げば／御目の とまるにつけて

1.1.2.2　心理的状態変化（φ4：ノ2）
　主体変化の「心理的状態変化」のむすびつきは「世の人　おどろく」「心　とけぬ」などのように人名詞および、人の心理的側面をあらわす名詞を主語とし、自然発生的な心理的変化をあらわす。
　ただし、心理的側面をあらわす「こころ」「ここち」などの名詞はその語彙的な意味において既に事柄的であり、「事の変化」のむすびつきの中でもとりあげることができる。むすびつき全体の意味のうえで連続性がみとめられる表現については改めて検討する必要があるが、「人の変化」のむすびつきでは人名詞を主語とするものだけをとりあげ、心理的側面をあらわす名詞を主語とするものは「事の変化」のむすびつきのなかでとりあげることとする。

ハダカ格
良清　驚きて／姫君　心細くて屈したまへり

ノ格
かの空蝉の、うちとけたりし／人の 傷つく

1.1.2.3　社会的状態変化（φ22：ノ6）
　主体変化の「社会的状態変化」のむすびつきは「内大臣　あがりたまひて」などのように人名詞および、人の属性をあらわす名詞を主語とし、人が新たな人間関係のなかに入るといった社会的な状態変化が生じることを表現している。
　このむすびつきでは「人の変化」の他のむすびつきと同様に、人名詞を主語にする場合と人の側面としての属性をあらわす名詞

(「位」「任」など)を主語にする場合とがみとめられる。ただし、上述の「心理的状態変化」でもそうであったように、このむすびつきにおいても人の属性をあらわす「位」「任」などの名詞はその語彙的意味がすでに事柄的であるため「事の変化」のむすびつきとの連続性がみとめられる。本書においては、これらの名詞のつくる連語を「事の変化」のなかでとりあげ、「人の変化」のむすびつきでは人名詞を主語とするもののみをとりあげることとする。

　ハダカ格
　大臣、太政大臣にあがりたまひて／大臣　横さまの罪に当りたまひし／やむごとなき御方々にかかる人　出でものしたまはば*5／源氏の君　まことに犯しなきにてかく沈むならば／頭の中将　正下の加階したまふ／源氏の中将　正三位したまふ／かの家主　大弐になりぬ

　ノ格
　この源氏の　かく沈みたまふ／当帝の　かく位にかなひたまひぬる／この大将の君の、今はと他人になりたまひたまはむなん／女子の　人の子になる

　以上、「人の変化」をあらわす連語についてみてきたが、この連語は基本的にすべての下位カテゴリーにおいて、人名詞を主語にする場合と、人の側面をあらわす名詞を主語にする場合とにわけて考えることができる。人の側面をあらわす名詞が主語になる場合、名詞の語彙的意味が抽象化され、事柄化されることで、「事の変化」のむすびつきとして捉えることができる。

1.1.3　事の変化

　奥田靖雄（1968–1972）「を格の名詞と動詞とのくみあわせ」には客体変化の「事にたいするはたらきかけをあらわす連語」について以下のような言及がある。

　　事にたいするはたらきかけをあらわす連語では、はたらきかけをうけて、変化をするのは、人や物ではなく、それらのうごき、

状態、特徴あるいは関係である。つまり、この種の連語では、かざりの位置にあらわれるを格の名詞は、物や人を具体的にしめしてはおらず、その側面としてのうごき、状態、特徴、関係をさししめしている。　　　　　（『日本語文法連語論・資料編』p.63）

　本書がとりあげる主体変化の「事の変化」のむすびつきはこれとは若干異なる。主体変化の「事の変化」のむすびつきには上記のような人や物の側面としての動き、状態、特徴、関係における変化のほか、人や物とは直接の関係をもたない自然の営み（現象）や古来よりおこなわれている人事などにおける変化も含めている。

　「事の変化」のむすびつきはその変化主体をあらわす名詞の語彙的意味にしたがって「事柄」「属性」「関係」「心理」「現象」の各下位区分をほどこして考えることができる。

1.1.3.1　事柄（φ67：ノ11）

　主体変化の「事柄」は「世の中」「世」「人目」「こと」「御物忌」「供養法」「遊び」「御元服」「典侍」など、社会的な慣習や儀式などの人事をあらわす名詞を主語とし、「六日の御物忌　あく」「世の中　改まりて」などのむすびつきをつくり、自然発生的に生じる変化をあらわす。

　このむすびつきの主語は大半がハダカ格で標示される。

　ハダカ格
　六日の御物忌　あく／事　あひたる／事　移り／人目　おどろくばかり／世　おとろふる／来し方行く末　かきくらし／うちかなぐるなど見えたまふこと　度重なりにけり／よろづのこと、ありしにもあらず変りゆく／世の中　かはりて／夢　さめて／事　静まりゆく／事　違ふ／御里住み　絶えたる／供養法　たゆみて／内裏の御物忌　さしつづきて／臘　つもりてこそは／柱さすこと　うひうひしくなりにけりや／春宮の御元服　ただ今のことになりぬるを／御参り　延びぬ／上の御遊び　はじまりて／七日の日の節会　はてて／事　ひろごりて／方　塞げて／事　乱るる／みな事　破れたる

ノ格
　この事の 御心にかかる／御文の 通はぬ／不定なりつる御出立の、かく定まりゆくを／この御事の、十二月も過ぎにしが／奏したまふことの ならぬは／御いそぎの 今日明日になりける／はしたなきまじらひの つきなくなりゆく／宿世の 引く／御遊びの すこし乱れゆく

1.1.3.2 属性（φ 82：ノ 20）

　主体変化の「属性」は「あはれ　進みぬれば」「跡　絶えなまし」などのむすびつきで、「頬つき」「光り」「命」「年」「さだ」「ねぶたさ」「酔ひ」「愛敬」「世の中の色」「御勢い」といった物、事柄、人間などの側面をあらわす名詞を主語とし、自然発生的な変化をあらわす。このむすびつきにおいても大半がハダカ格で主語標示される。

　ハダカ格
　頬つき　赤めるも／御位　改まり／光り　失せぬる／つつましさ　薄らぎて／命　終りはべりなば／年　老いたる／色あひ　重なり／品　定まりぬる／ねぶたさ　醒めぬべからむ／さだ　過ぎたれど／酔ひ　すすみて／化粧じたまへる御顔の色　違ひて／御齢　足りおはしまして／跡　絶えなまし／命　つきなんとしつる／御容貌　いよいよねびととのほりたまひて／心地のあしさ　慰みき／けはひ　ものうとくなりゆく／官位　高くのぼり／齢　のぶる／任　はてて／かき集むるもの嘆かしさ　紛るる／深き秋のあはれ　まさりゆく

　ノ格
　御気色の あらたまらむなん／おほかたのおぼえの 薄らぎたまふ／人の御名の 朽ちぬべき／そこらところせかりし御勢の しづまりて／かどかどしさの すすみたまへる／いとほしき御ふるまひの 絶えざらむ／おもしろさの 尽きにければ／用なきふるまひの つもりて／立ちそめにし名の 取り返さるる／人の御ほどの すこしものものしくなりなんに／身の いたづらになりぬべき／深き方の まさりけるかな／御声の わななくも

1.1.3.3 心理 （φ 117：ノ 25）

　主体変化の「心理」のむすびつきでは「御気」「思ひ」「心」「心地」「心ざし」「そねみ」「嘆き」「恋しさ」といった心理や感情をあらわす名詞が主語となり、人間の心理的側面における変化をあらわす。他からのはたらきかけとは関わらない自発的な変化をあらわしているものと考えられる。

　「心理」のむすびつきは「人の変化」むすびつきにおける「心理的状態変化」のなかでとりあげることも可能であるが、主語名詞の語彙的意味が抽象的であることから、本書では「事の変化」のむすびつきの中に含めて考える。

　主語標示の形態は大方の名詞がハダカ格で現れる。ハダカ格には「心　うごく」「心　とく」「心　とまる」「心　ゆく」のように名詞「心」を主語とする用例が多くみとめられる。これらの表現は連語全体であらわす意味的なひとまとまり性が強く、一語として捉えることも可能であるが、一方で「心の　うごく」「心の　とまる」「心の　ゆく」などのようにノ格の形をとる例もみとめられるため、本書では名詞と動詞の二語からなるむすびつきとして捉える。

　　ハダカ格
　　御気　あがりて／うつし心　失せにければ／心　移るとは／この御心地　おこたりはてたまはぬを／心地　落ちゐぬ／心　及ばぬ／心　かかる／思ひ　かなひたまふ／年ごろの心ざし　ひき変ふる／心　砕けて／もの思ひ　さめぬる／御心　静まりたまひては／心　澄みはつまじく／もの思ひ　絶えぬ／もの心づきなき御気色　絶えず／人のそねみ　深くつもり／みそか心つきたる／心　とけぬ／その恨みの心　とけず／御心ざし　あやにくなりしぞかし／心　のどまりてぞ／思ひ　紛れけむ／物思ひ　まさりぬべく／御心地　まどひければ／御心　乱れたり／御心地　ものせさせたまふ／御心　ゆき／げにと心　寄る／心　をさまらぬ

　　ノ格
　　心の　いたる／心の　及ばむに／伝にもほの聞こえし御心の　なご

りなく静まりたまへるは／御心ざしの 近まさりする／かかる心の 絶えたまはぬこそ／思ししことの とどこほりたまひ／御心の とまらむ／恋しさの 慰む／わが心の 引く／心ざしの 隔たる／心の 乱れける／このにくき御心の やまぬに／御心の ゆく

1.1.3.4 現象（φ 98：ノ 13）

主体変化の「現象」は「霰　降り荒れて」「雷　鳴り静まらで」などのむすびつきで、「霧」「雷」「夜」「日」といった自然現象をあらわす名詞を主語とし、自然発的な変化をあらわす。

後にあらためてとりげるが、現象名詞は主体変化の連語のなかで多くつくられる（111 例）が、客体変化の連語をつくることは少なく（20 例）、主体変化の連語に分布の偏りがみとめられる。

ハダカ格
夜　明けぬ／霰　降り荒れて／風　吹き荒るるに／時　いたりぬるを／この香　失せなん／時　移りて／光　おさまれるものから／月日　重なりて／年　かはりぬ／空の色　変り／年　たちかへる／秋　暮れはてぬ／雷　鳴り静まらで／風　すこししめりて／この音　違はぬ／冬　立つ／煙　絶えて／年　積れる／涙　とまらぬ／風　なほり／風の音　秋になりにけり／風　いと涼しくなりて／夜　明け方になりにけり／ほど　近くなる／秋　はてて／空　めづらしく晴れたる／夜　いたう更けにれば／年　ふりにける／色　まさる／空　乱れたる／匂ひ　みちて／風　すこし吹きやみたる／雷　鳴りやみ

ノ格
空の　うち曇りて／日の　暮るるも／雷の　静まらぬ／年の　つもるままに／涙の　とまらぬを／青色の　萎えばめるに／曇りなき空の、西日になる／よろづのこと澄める夜の、やや更くる／明かしかねたる朝ぼらけの　霧りわたれるに

1.2　出現

　主体変化の「出現」のむすびつきは他から作用を受けた結果として、または自然発生的にこれまで存在しなかったものが生じるという変化をあらわしている。

　「変化」のむすびつきにおいてもそうであったように、本書では主体変化の連語と客体変化の連語の対応関係をみるため、両者を同じ枠組みのなかで分析している。「出現」のむすびつきは前掲の連語の分類中、A–2 客体変化の連語とF–2 主体変化の連語をさしている。先にも述べたように、このむすびつきはこれまでとりあげてきた「変化」のむすびつきのなかで論じることもできるが、むすびつきの名称としての「変化」は狭義で用いており、「出現」のむすびつきは狭義の「変化」に含まれない出現や添加などの独自の現象をあらわしている。

　「主体変化動詞」と主語名詞とがつくる出現のむすびつきは主語名詞の語彙的意味にしたがって「物の出現」「人の出現」「事の出現」の各区分がほどこせる。以下、「物の出現」のむすびつきから順にとりあげる。

1.2.1　物の出現

物の出現（φ2：ノ0）

　「物の出現」のむすびつきは物的な性質をもった名詞を主語とし、自然発生的にこれまで存在しなかったものが生じるという変化をあらわしている。しかし、用例は物名詞を主語とする1例（「須磨の巻　出で来たるに」）および自然物名詞を主語とする1例（「かの末摘花、いとはなやかにさし出でたり」）のみとなっている。主語標示は2例ともにハダカ格でノ格はみとめられない。

　　ハダカ格
　　須磨の巻　出で来たるに／かの末摘花、いとはなやかにさし出でたり

　なお、隣接表現として、後述する「自然現象の出現」のむすびつき（「雨　降りて」「香　くゆり出で」など）がある。ここでは現象

名詞が主語となり、それ以前には存在しなかった現象が生じるという変化が表現される。「涙　落つ」のように物的な側面を持ちあわせている現象名詞もあるが、むすびつき全体のあらわす意味により主語名詞のあらわす語彙的意味における実態性が希薄になっていることから、他の現象名詞と同様に「自然現象の出現」のむすびつきの中でとりあげる。

1.2.2　人の出現

人の出現（φ 7：ノ 5）
「男御子　生れたまへる」「この若草の　生ひ出でむ」などのむすびつきで、人名詞を主語とし、「う（生）まる」「お（生）ひい（出）づ」などの動詞によって新たな命の誕生、または社会における人材の輩出などをあらわす。用例は少ないが、他のむすびつきと比べると相対的にノ格の現われやすい表現と言える。

　ハダカ格
　この家にさる筋の人　出でものしたまはで／有職ども　生ひ出づる／男御子　生まれたまへる

　ノ格
　かしこき筋にもなるべき人の、あやしき世界にて生れたらむは／この若草の　生ひ出でむ／かの撫子の　生ひ立つ／神仏の　現はれたまへらむ*6

1.2.3　事の出現

事の出現（φ 82：ノ 15）
「事の出現」のむすびつきは「この夢　合ふ」「よからぬ事ども出で来ければ」などのように物、人、事柄の属性としての状態や動きをあらわす名詞、時間などをあらわす名詞を主語とし、「あ（合）ふ」「い（出）でく」「かなふ」「くわ（加）ふ」「そ（添）ふ」「た（立）つ」などの動詞によって、それ以前には存在しなかった現象の発生や添加をあらわす。「事の変化」のむすびつきの中から、発生および添加に関わる特殊な表現をとりだして別立てした表現とい

える。

　このむすびつきの主語標示の大半はハダカ格である。また、「事の出現」のむすびつきには両形態あわせて97例みとめられ、「出現」のむすびつきの中心的表現となっている。

　なお、「事の出現」のむすびつきでは「事の変化」のむすびつきにおけるような詳細な下位区分をほどこさずにとりあげることとする。

　　ハダカ格
　　この夢　合ふ／道々の人の才のほど　現はるる／よからぬこと　出で来なん／御物の怪　いたう起りて／風邪　おこりて／いますこしの齢　重なりはべりなば／年月　重なりにけり／願ひ　かなふ／修理職内匠寮に宣旨　下りて／京へ帰りたまふべき宣旨　くだる／酔ひ　加はりぬ／御愛敬　ところせきまでこぼれぬべし／坊　定まりたまふ／もの思ひ　添はりて／なまめかしき気　添ひて／あだ名　立ちぬべき／身の才　つき／聞こゆべきこと　多くつもりにけり／思ひたまへし本意なきやうなる事　うちまじりはべれど／たひらかに事　なりはてぬれば

　　ノ格
　　青海波の　かかやき出でたる／恨めしと思ひきこえさせつべきことの　出でもうで来たるを／寝ても覚めても願ひわたりし心ざしの　かなふ／かの右の大殿よりいと恐ろしきことの　聞こえ参で来にし／御年の　加はる／人に似ぬ心ざまの、なほ消えず立ちのぼれりける／耳とどめたまふ癖の　つきたまへるを／かかるけはひの　いとかうばしくうち匂ふに／忍びがたき気色の　漏り出づる／かく世にめづらしき御けはひの　漏にほひくるを

1.2.4　現象の出現　「事の出現」のむすびつきの周縁として
　ここでは「事の出現」のむすびつきの周縁的表現として、現象をあらわす名詞が構成要素となる主体変化の連語についてとりあげる。この表現は「事の出現」のむすびつきのなかでとりあげることもで

きるが、現象をあらわす名詞はその語彙的意味が特殊であること、また、「出現」のむすびつき全体の中で現象をあらわす名詞が主語になるむすびつきが大きな位置を占めることから、ここでは「事の出現」の周縁的表現として特にとりだして述べる。

現代語で「雨が降っている」という時、名詞「雨」は実体としての雨粒をさしているのではなく、雨粒がたくさん落ちてきている現象それ自体をあらわしており、「雨が降っていること」をあらわしているといえる。このとき、「雨」は同属主語とでも呼べるような、動作の内容を規定するはたらきをしているものと考えられる。現象名詞はそのもののおこなう運動までをまるごと事態として語彙的意味の中に含んでいるような名詞といえる*7。このように、現象名詞は物名詞や自然物名詞とは異なり、実体として捉えることの難しい名詞である。本書では上記のような特殊性から現象をあらわす名詞を主語とする場合を「事の出現」のむすびつきとは区別してとりあげることとする。*8

現象の出現（φ 113：ノ 31）
このむすびつきは「あめ（雨）」「かぜ（風）」「か（香）」「ひ（日）のあし（脚）」「なみ（波）」「しも（霜）」「ほのほ（炎）」「けぶり（煙）」「くも（雲）」などの自然現象をあらわす名詞が主語となり、「風　吹き出で」「夕潮　満ち来て」「初霜　結ぼほれ」など、それ以前には存在しなかった現象が立ち現れることをあらわす。

主語標示にはハダカ格が用いられる傾向があるが、ノ格も比較的多くみとめられる。

ハダカ格
えひの香　いとなつかしう薫り出でて／初風　涼しく吹き出でて／月　いと明かうさし入りて*9／夕潮　満ち来て／浪　いといかめしう立ちきて／にほひ　加はりたまひけれ／涙　ほろほろとこぼれたまひぬ／初時雨　いつしかとけしきだつに／入り方の日影　さやかにさしたる／時雨　うちして／日ごろ降りつるなごりの雨　いますこしそそきて／空の雲　あはれにたなびきけり／雪　うち散り／雷　鳴りひらめき／近き橘のかをり

なつかしく匂ひて／秋風、谷より遥かに吹き上りて／肘笠雨とか 降りきて／雪 かきくらし降りつもる／鐘の声 松風に響きあひて／冬のはじめの朝霜 むすぶべき／炎 燃えあがりて

ノ格
十三日の月の はなやかにさし出でたるに／潮の 近く満ち来る／涙の こぼるるを／いとどしき御匂ひの たち添ひたれば／いかなる風の 吹き添ひて／風の音の 竹に待ちとられてうちそよめくに／いとかうばしき香の うちそよめき出でつるは／雪の いたう降り積りたる／うちしめりたる御匂ひの とまりたるさへ／涙の 隙なく流れおはしますを／塩やく煙の なびきける／風の 竹に鳴る／雷の 鳴りひらめく／薄らかに積れる雪の 光りあひて／風の 吹き舞ふ／雨の うち降りたる／おぼえなき光の うちほのめくを／えひ香の香の 紛へる／雲の 薄くわたれるが

2. 主体動作動詞と主語名詞

　第2節では「小君　まどひ歩く」のような主体動作動詞と主語名詞とのくみあわせ*10についてとりあげる。主体変化動詞と主体動作動詞はともに自動詞であるが、動詞と名詞との関係性において両者には差異がみとめられる。上記用例「まどひ歩く」は動作の様態のみをあらわしており、その動作をおこなうことによって主体に生じる変化まではあらわしていない。このタイプの動詞は作用対象をともなわない動作をあらわし、他にも自身にも変化をひき起こさないような運動をあらわしている。したがって、このような自動詞と主語名詞とのくみあわせに統語構造上対応するような他動詞と対象語名詞とのくみあわせは厳密には存在しない。他動詞と対象語名詞とのくみあわせをつくるためには「小君　歩かす」のように使役の接尾辞の力を借りる必要がある。動詞だけで自他の対応がつくられるような関係が一次的な関係であるとするなら、このような関係は二次的な関係といえる。

　人名詞対象語と他動詞とのくみあわせにおいても使役の接尾辞を

必要とする用例がみとめられ、本書ではこのようなくみあわせも客体変化の連語にふくめて考えている。人名詞を対象語とするこういったくみあわせは常に使役の接尾辞を必要とする動詞からなるとは限らず、使役の接尾辞は必須形式とはなっていない。これに対して本節で取り上げる主体動作動詞のつくるくみあわせと対応するような他動詞のくみあわせは使役の接尾辞を用いなければ成立せず、必須形式となっている。この点から考えても主体動作動詞と主語名詞とのくみあわせと他動詞と対象語名詞とのくみあわせとの対応関係は二次的なものと言える。

このくみあわせは主語名詞の語彙的意味にしたがって、さらに「主体（＝人）の動作」と「主体（＝もの）の動作」に分けて考えることができる。

2.1 主体（＝人）の動作

「主体（＝人）の動作」のくみあわせは人間の、対象をもたない習慣的・くり返し的動作をあらわす場合（「人の動作」）と、互いに動作主体であり動作対象であるような動作をあらわす場合（「相互動作」）、さらに、「泣く」「笑う」などの、人間の無意識的な動作をあらわす場合（「人の無意志的動作」）がみとめられる。以下、順にとりあげる。

2.1.1 人の動作（φ9：ノ11）

「小君　歩く」のように人名詞を主語とし、その主体的な動作をあらわすくみあわせであり、基本的に対象を持たない習慣的な運動をあらわす。日常的にくり返しおこなわれる運動をあらわすものが多く含まれる。

統語構造上対応するような対象語名詞と他動詞とのくみあわせは「小君　歩かす」のように使役の接尾辞を用いることで成立する。この場合の主語名詞と自動詞／対象語名詞と他動詞の対応関係は文法的に二次的なものといえる。

　　ハダカ格
　　中将の君、こなたにて御遊びなどしたまふに／小君、いといと

ほしさに、眠たくもあらでまどひ歩く／齢などこれよりまさる人、腰たへぬまで屈まり歩く／人々　うちそよめき／御方々暮らしたまふ／常にひき隠しつつ隠ろへ歩きし御使　今日は面もちなど人々しくふるまふめり／人人　物の背後に寄り臥しつつうち休みたれば

　ノ格
　この君の、かう気色ばみ歩きたまふ／この中将の　言ひ歩きけるを／中将の、例の、あたり離れぬどち、遊ぶ／公のかしこまりなる人の、うつしざまにて世の中にあり経る／中将の　声づくる／はかばかしからぬ者どもの、かたがたにつけてさまよひはべる／若宮の、いとおぼつかなく、露けき中に過ぐしたまふ／女五の宮の　悩ましくしたまふなるを／人の　繁くまがへば

　用例が少ないため詳細な分析は難しいが、他の表現に比べて主語標示にノ格が多く用いられている。

2.1.2　相互動作（φ4：ノ1）

「人　あらそふ」のようなむすびつきで、動作主体と動作対象とが相互的作用をおよぼすような人の動作をあらわす。互いに動作主体であり、かつ動作対象であるような運動をあらわす。
　統語構造上対応するような対象語名詞と他動詞とのくみあわせは「人　あらそはす」のように使役の接尾辞を補うことによって二次的につくられる。

　ハダカ格
　求めつる中将だつ人　来あひたる／春の花の林、秋の盛りを、とりどりに人　あらそひはべる／御方々　いづれともなくいどみかはしたまひて／さがなき御達ども　つきしろふ

　ノ格
　人々の　戯れかはしつる

44

このタイプのむすびつきは他の表現に比べて用例が少なく、ハダカ格、ノ格ともに有意な分析が難しいが、複数名詞や集合名詞の主語の用例が多く、ハダカ格で現われる傾向がある。

2.1.3　人の無意志的動作（φ 15：ノ 17：ガ 1）

　「君　うち泣く」「中将　笑ふ」のように、動作主体である人名詞と「病す」「泣く」「笑ふ」などの人間の無意識的におこなう動作をあらわす動詞とのくみあわせである。

　統語構造上対応するような対象語名詞と他動詞とのくみあわせは「中将　笑はす」のように使役の接尾辞を補うことによって二次的につくられる。

　主語標示にはノ格が比較的高い割合で用いられ、ハダカ格との対立がみとめられる。

　ハダカ格
　中将　うなづく／人々、「そそや」など怖ぢ騒げば／人々　うちそよめき／君　うち泣きて／女君　泣き沈みたまへる／主の入道　涙にくれ／大宮　去年の冬つ方より悩みたまふ／女君　いみじくわななきまどひて／人々　忍びて笑ふ

　ノ格
　すぐれたる人の　山口はしるかりけれと、うち笑みたる／この御さまの　常よりもことになつかしううちとけたまへるを／中将の　声づくる／人々の　騒ぐを／さぶらふ人々の　泣きまどひ／女房などの　悲しびにたへず、泣きまどひはべらんに／小さき女君の、何心もなくて昼寝したまへる／まめ人の　乱るる／母君の　とかく思ひわづらふ

　ガ格
　わが　かくながらふる

　「人の動作」をあらわすくみあわせ全体をとおして主語標示としてノ格が用いられる傾向が高い。また、この時期の動詞の主語標示

にガ格が用いられることは少ないが、このくみあわせにおいてはガ格の用例がみとめられる。ノ格やガ格は人名詞のような能動的主体の主語標示として機能していることがうかがえる。

2.2 主体（＝もの）の動作（φ 17：ノ 11）

「主体（＝もの）の動作」のくみあわせは自発的な「もの」の動きや無意志的な動物の動きなどをあらわす。

統語構造上対応するような対象語名詞と他動詞とのくみあわせは「鳥　鳴かす」のように使役の接尾辞を補うことによって二次的につくられ、この点は「主体（＝人）の動作」のくみあわせと同様である。このくみあわせの主語となる「もの」や「動物」は能動的主体として人間に準じたあつかわれかたをしているものと思われる。

ハダカ格
簾　動く／例の楽の船ども　漕ぎめぐりて／春の鶯　囀る／虫　みな損ひてければ／おのおの車　ひきつづきて／蛍　しげく飛びまがひて／見棄てて亡くならむ魂　必ずとまりなむかし／千鳥　いとあはれに鳴く／玉　光りかかやきて／まかで参りする車　多くまよふ

ノ格
鹿の　たたずみ歩く／小さき鳥の　浮べる／水鶏の　うちたたきたるは／菊の　けしきばめる／鳥の　さへづる／松虫の　鳴きからしたる／雁の　鳴きわたる／竹の中に家鳩といふ鳥の　ふつつかに鳴く

物名詞が主語として用いられることもあるが、その場合、車や舟などといった自発的運動主体としても表現される名詞群が大半を占める。動物名詞を主語とする場合にノ格が用いられる傾向があり、全体として主語標示におけるノ格の出現率がやや高くなっている。

以上、主体動作動詞と主語名詞とのくみあわせについてみてきた。典型的な統語構造上の対応関係は主体変化動詞と主語名詞のむすび

つき、および主体動作客体変化動詞と対象語名詞のむすびつきとの間に多くつくられるのに対し、主体動作動詞と主語名詞とのくみあわせは他動詞と対象語名詞とのくみあわせとの間に一次的な対応関係はつくられない。

　主体動作動詞と主語名詞とのくみあわせは直接的には「変化」には関わらない表現であるが、受身の接尾辞や使役の接尾辞といった他の文法形式の力を借りることによって二次的に主体／客体関係をつくることは可能である。実はこのような二次的な対応のありかたは「変化」のむすびつきにおいてもみとめられた（「人の変化」のむすびつきなど）ことを考えると、この章でとりあげた表現も程度の差こそあれ、主体／客体関係の周縁的なものとしてみなすことが可能となる。主体／客体関係から分析できる表現と分析できない表現とは「変化」との関わりかたにおいて程度を異にしながら連続しているものと考えられる。

3. 主体動作主体変化動詞と主語名詞

3.1　移動

　自発的な移動動作とそれにともなう位置変化とをあらわすくみあわせである。構成要素となる「入る」「出づ」などの動詞は移動動作と位置変化の両側面をあらわす。動作をあらわす自動詞が用いられる点において前掲の主体動作動詞と主語名詞とのくみあわせに類似するが、その一方で、動作の結果として動作主体自身に生じる位置変化をあらわす点において、主体変化のむすびつきとの類似性もみとめられ、客体変化の連語との統語構造上の対応関係がみとめられる。人名詞を多く主語とするが、動物名詞や乗り物などの自発的運動主体としても表現される名詞が用いられることもある。

3.1.1　物の移動（φ7：ノ3）

　このくみあわせは物的なものをあらわす名詞が主語となり、自発的な移動動作とそれにともなう位置変化とをあらわす。主語名詞の語彙的意味にしたがってさらに「物の移動」「現象（物）の移動」

といった下位区分をほどこすことができる。

① 物の移動（φ3：ノ2）
　物的な名詞は本来、みずから能動的主体として運動をひきおこすことのできない性質をもった名詞であり、このくみあわせは多くは実現されない。物名詞のなかでも動物名詞に準じたあつかいをされることのある「車」や「舟」などの名詞が大半を占めている点において、前掲の主体動作動詞と主語名詞のくみあわせにおける「物（もの）の動作」と類似している。「車」「舟」などの乗り物をあらわす名詞はこのくみあわせのなかで用いられることにより能動的主体として表現されているものと考えられる。なお、「いかなる御消息の　すすみ参れるにか」のような用例では物的名詞が擬人的に表現されたものと考えられる。

　　ハダカ格
　　棚無し小舟　漕ぎかへり／上達部の御車ども　数知らず集ひたり／北の陣よりかねてより隠れ立ちてはべりつる車ども　まかり出づる

　　ノ格
　　小さき舟の、飛ぶやうにて来る／いかなる御消息の　すすみ参れるにか

② 現象（物）の移動（φ4：ノ1）
　現象（物）が主語となるくみあわせも実現されることは少ない。現象（物）名詞は「月」「煙」などの視覚的に捉えることの可能な現象である点において「物の変化」のむすびつきにおける「現象（物）の変化」と同様である。
　全体的に用例分布は少ないが、主語標示の形態はハダカ格に偏りがみとめられる。

　　ハダカ格
　　かの有明　出でやしぬらん／日　ようようくだりて／月　隈なくさし上りて／月　さし上りて

ノ格
煙の いと近く時々立ち来るを

　以上のように、主体動作主体変化動詞と主語名詞とのくみあわせにおける「物（もの）の移動」では主語名詞には自発的変化をひき起こす主体として表現される傾向のある現象（物）名詞、能動的主体に準じて表現されることのある乗り物をあらわす物名詞などが用いられる傾向がある。これらの名詞は「物（もの）の移動」のくみあわせのなかで用いられることにより、物的な名詞ではなく自発的な運動をひき起こす能動的主体として表現されているものと考えられる。

3.1.2　人の移動
人の移動（φ94：ノ34：ガ1）
「人の移動」のくみあわせでは主語名詞は人名詞であり、能動的主体として人間がひき起こす運動と、それに伴う運動主体自身に生じる空間的な位置変化をあらわす。「人の移動」のくみあわせにおいては身体部位を主語とするくみあわせはつくられない。
　「京の人　出だしたてたまふ」「いたづらに暇ありげなる博士ども　召し集めて」のように客体変化の連語との対応がみとめられるが、対象語となる人名詞にはより下位者がたち、上位者はあらわれにくいといった人名詞の現れにおける位相上の制限がみとめられる*11 のに対し、対応する主体動作主体変化動詞のつくるくみあわせにおける主語名詞は位相に関わりなく人名詞全般が用いられる*12。
　主語標示にはハダカ格が用いられることが多いが、ノ格も３４例みとめられ、ガ格の用例もみとめられるなど、能動的主体を主語とする場合の傾向がみとめられる。

ハダカ格
人々　あかるる／人　参り集まりぬ／母君　みづから抱きて出でたまへり／殿　入りたまへば／小君、かしこにいきたれば／わが君、かうおぼえなき世界に、仮にても移ろひおはしました

るは／小君、御車のしりにて、二条院におはしましぬ／御使帰りにけれど／大弐の北の方　にはかに来たり／伊予介、神無月の朔日ごろに下る／伊予介　上りぬ／親王たち　おはし集ひたり／大臣の御里に、源氏の君　まかでさせたまふ／この殿、石山に御願はたしに詣でたまひけり／右衛門佐　参れり／童べども　御階のもとに寄りて／この禅師の君　渡りたまへりけり

ノ格
天に生まるる人の、あやしき三つの途に帰るらむ／まろうとの　来むとはべりつる／かの恐ろしき人の　追ひ来るにや／女房の　下らんに／この人々の　立ち去りぬるかな／例ならぬ人の、かく近づきたまへるは／人々の　こなたに集ひたまへる／いと恥づかしき御さまどもの　さし集ひ／かぐや姫の　上りけむ／その弟の　右近将監解けて御供に下りしを／内大臣殿の　御願はたしに詣でたまふを／中宮の　今宵まかでたまふなる／高麗人の　参れる／宮の　渡らせたまはん

ガ格
誰が 詣でたまへるぞ

3.2　とりつき *13　(ϕ 38：ノ 20：ガ 1)

「かの按察　隠れて」のようなむすびつきであり、主語名詞には人名詞がたち、能動的主体によるみずからの運動の結果として、運動主体自身に生じる位置的変化をあらわす。動詞には「かく（隠）る」「つ（着）く」「そ（添）ふ」「と（止・泊）まる」「の（乗）る」などが用いられ、「物の変化」のむすびつきにおける主体変化の「とりつけ」に近いむすびつきをつくる。

　客体変化の「人の空間的位置変化」のむすびつきを構成する動詞との自他対応がみとめられることがあるが、相手をあらわすニ格は顕在化することが少ない。また、客体変化の「人の空間的位置変化」のむすびつきにおける作用対象には「童べ」「惟光」「人」などの、動作主体に対する下位者をあらわす人名詞が用いられるのに対

し、「とりつき」のくみあわせにおいて主語となる人名詞にはそのような位相制限はみとめられない。

　なお、このくみあわせにおいて主語になるのは人名詞のみであり、身体部位をあらわす名詞は用いられない。客体変化の連語では身体部位をあらわす名詞も対象語として用いられており、両者の間には差異がみとめられる。

　ハダカ格
　かの按察　隠れて／弘徽殿には尚侍の君　住みたまふ／北の方　添ひたまふべき／親王たちの御座の末に源氏　着きたまへり／はた人　あひ乗りたまへる／御息所、御輿に乗りたまへるに／中将　御階にゐたまひて／人々　しげく並みゐたれば／この近江の君、人々の中を押し分けて出でゐたまふ／物裁ちなどするねび御達、御前にあまたして／小君　近う臥したるを

　ノ格
　太政大臣の　隠れたまひぬるを／なにがしの僧の、この二年籠りはべる／西の京に御乳母の　住みはべる／かくいまいましき身の　添ひたてまつらむも／この君の　とまりたまへる／老の身の　残りとどまりたるも／惟光朝臣の　宿る

　ガ格
　君が　住む

　主語標示の形態としてはハダカ格が大半を占めるが、他の表現と比べるとノ格の用いられる割合も比較的高い。ガ格の用例もみとめられ、能動的主体を主語とする場合の傾向がみとめられる。

3.3　生理的な動き[*14]（φ2：ノ1）

　このくみあわせは「人の　寝ぬ」のように、人名詞を主語とし、「ぬ（寝）」「お（起）く」などの動詞により自発的な身体運動とそれにともなって自身に生じる上下的な空間上の位置変化をあらわす。このくみあわせも動作と変化の両側面から捉えることができ、客体

変化の「人の生理的状態変化」における「位置的変化」のむすびつきとの対応関係がみとめられる。

　用例は以下にあげる3例のみである。
　　ハダカ格
　　みな人々　しづまり寝にけり／御達　東の廂にいとあまた寝たるべし

　　ノ格
　　内にも人の寝ぬ

　なお、このくみあわせにおいては主語となるのは人名詞のみで、身体部位をあらわす名詞を主語とする表現はみとめられない。客体変化の連語では人名詞も身体部位をあらわす名詞もともに対象語とする点において主体表現と客体表現との間には差異がみとめられる。

＊1　用例分析のテキストには日本古典文学全集（旧版）『源氏物語』一～三巻（小学館）を用いる。会話文、地の文などの文体的区分による考慮は加えていないが、韻文は分析対象としない。常套表現が多くみられることにくわえ、韻律を整える必要から格形態が選択された可能性が考えられるためである。また、複数の動詞と対応する主語や対象語は原則的に分析対象としない。
＊2　「物の変化」のむすびつきにおいてとりあげる「現象名詞」を「現象（物）名詞」とするのはこのためである。
＊3　以下、ニ格名詞で示される対象に下線を付す。
＊4　「目　馴る」など使用頻度が非常に高い表現は用例から外している。
＊5　解釈：「高貴な方々の中にこのような人が出仕なさったならば」
＊6　ここでは人名詞に準じるものとして解釈した。
＊7　同類の名詞に「音（ね）」―なる／「涙」―ながる／「光」―ひかる／「匂ひ」―にほふ／「風」―ふく／「雨」―ふる　などがある。
＊8　現象名詞の中でも、より実体性のある「月」「露」などの名詞は「ものの変化」のむすびつきをつくることがある。（「月　高くなる」「露　消ゆ」など）また、客体変化の「ものの変化」のむすびつきをつくることもある（「涙　拭ふ」「汗　拭ふ」など）。
＊9　「月」「日」などは多義語であるため、恒常的な実体として捉えられるとき（「月　上がる」「月　澄む」など）は物名詞、時間や空間的なものとして捉え

られるとき(「日　暮れ方になる」「月　経」など)は事名詞、また、「光り」として捉えられるときは現象名詞という様にカテゴリカルな意味を異にする。
＊10　主体動作動詞と主語名詞は連語としてみとめにくいことから、本書ではこのような場合の単語同士の関係を「くみあわせ」とよび、一次的な連語(「むすびつき」)とは区別する。
＊11　客体変化の連語では主体となる人名詞と客体となる人名詞との間に上位下位関係がみとめられる。より下位の人間が作用を受ける客体となる。この傾向は移動動作だけでなく人名詞を対象とする客体表現全般においてみとめられる。
＊12　ただし、主体動作主体変化動詞のつくるくみあわせにおいても「わが君、かうおぼえなき世界に、仮にても移ろひおはしましたるは」「惟光朝臣　参れり」などのように主語名詞に応じた敬意表現がみとめられる。
＊13　客体表現(客体変化の「空間的位置変化」のむすびつき)との対応がみとめられることから、5章の表5では用例数を対応させているが、正確には主体表現は主体動作主体変化動詞によって構成されており、客体表現との対応は二次的なものといえる。
＊14　このくみあわせも対応する客体表現(客体変化の「位置的変化」のむすびつき)をもつことから5章の表4では用例数を対応させているが、正確には主体表現は主体動作主体変化動詞によって構成されており、客体表現との対応は二次的なものといえる。

第4章

ハダカ格と有助辞格 II
対象語標示

　第4章では主体動作客体変化動詞の対象語名詞についてとりあげる。第3章でみてきたように、主体変化をあらわす連語の主語名詞は主体変化動詞だけでなく、主体動作主体変化動詞、主体動作動詞などの複数のタイプの動詞とのむすびつき（または、くみあわせ）を構成するが、客体変化の連語の対象語名詞の場合は原則的にすべて主体動作客体変化動詞とのむすびつきをつくるものとして分析でき、ここにおいて既に主体表現／客体表現の間の不対応がみとめられることになる。

　客体変化の連語の下位分類として「変化」、「出現」、「移動」の各むすびつきについてとりあげるが、むすびつきの名称としての「変化」は狭義で用いており、具体的には分類表 A–1「客体変化」を指すものとする。

　用例分析には主語名詞の場合と同様のテキストを用いる。

1. 主体動作客体変化動詞とむすびつく対象語

1.1　変化

　客体変化の「変化」のむすびつきは対象語名詞の語彙的意味にしたがって「物の変化」「人の変化」「事の変化」の各区分がほどこせる。以下、「物の変化」のむすびつきから順にとりあげる。

1.1.1　物の変化

1.1.1.1　もようがえ

　このむすびつきは能動的主体（＝主に人）が客体（＝もの）に変形、様変わりなどの外面的、物理的変化をきたすような作用をおよぼすことをあらわす。

　対象語名詞の語彙的意味にしたがってさらに下位分類をほどこし

て考えることができる。主体変化の連語との対応から、「物のもようがえ」「自然物のもようがえ」「現象（物）のもようがえ*1」の下位区分がたてられるが、「現象（物）のもようがえ」はつくられない。以下、順にとりあげる。

①物のもようがえ（φ 105：ヲ 57）
「御簾　引き上げたまはぬに」「簾　下ろしつ」のようなむすびつきをつくる。「御厨子」「御簾」「戸」「畳」「御衣」といった身近にある調度品や衣服などをあらわす名詞が対象語となり、他から作用が加えられることによって物的対象に生じる外面的・物理的な変化をあらわす。

「あ（開・空）く」「あ（上）ぐ」「かか（挑）ぐ」「か（変）ふ」「こぼ（壊）つ」「つくろ（繕）ふ」「と（解）く」「なほ（直）す」「はな（放）つ」「ひ（引）く」「ひろ（広・拡）ぐ」「す」などの動詞と調度品や衣服などの身の周りにあるものをあらわす名詞とから構成される。

ハダカ格、ヲ格ともに多くのむすびつきがつくられ、「物の変化」のむすびつきの中心的用法といえる。両形態のつくるむすびつきは名詞、動詞の語彙的意味のうえで高い共通性がみとめられる。出現率のうえでは約 65％をハダカ格が占めている。

ハダカ格
古りにたる御厨子　開けて／御簾　捲き上げて／南面の格子　上げたる／御装束ども、直衣、狩の装ひなどにあらためたまふ／竹　編める／御格子　おろしてよ／袖　かへす／畳　所どころひき返したり／御衣　着かへなどしたまひて／天の磐戸　さし／泉の水　遠くすまし／ほどなき袙、人よりは黒う染めて／御衣　奉りかへて／御座　ひきつくろはせなどしたまふ／紐　とく／装束　ととのへなどして／几帳　ひきなほしなどす／筆　さし濡らして／戸　放ちつる／簾　高くおし張りて／裾　長く引きて／赤裳　垂れ引き／門　ひろげさせたまひて／水　深う遣りなし／御船　よそひて／御簾　あげわたして／檜垣といふもの　新しうして

ヲ格
戸を やをら押し開くるに／御簾を ひき上げて／燈火を 挑げ尽くして／玉を 重ねたらむ／装束を 飾りたまうつつ／中の廊の壁を くづし／宮の東の対を 払ひしつらひて／すこし荒れにたるを、いとめでたく修理しなして／箏の琴を 盤渉調に調べて／中将の帯を ひき解きて／西東の御門を 閉ぢ籠めたるぞ／御馬鞍を ととのへ／紐ばかりを さしなほしたまふ／太刀を 引き抜きて／筒を ひねりて／中門を 開きて／扇を ひろげたる／新しう造りたまへる殿を、宮たちの御裳着の日、磨きしつらはれたり／昔の御髪ざしの端を いささか折りて／御前に渡れる廊を、楽屋のさまにして

②自然物のもようがえ（φ1：ヲ7）
「花 折りなどする」「秋の田の実を 刈り収め」などのむすびつきであり、花や草木などの植物をあらわす名詞を多く対象語とし、他から作用が加えられた結果、対象となる自然物に何らかの外面的、物理的変化が生じることをあらわす。

主体変化の連語では物名詞よりも自然物名詞が構成要素として多く確認されたが、客体変化の連語では物名詞が大半を占め、自然物名詞が構成要素となることは少ない。主体変化、客体変化それぞれの連語においてみとめられる用例分布の様相に着目すると、自然物名詞は対象語として表現されにくい名詞であることがうかがえる。

全体的に用例は少ないが、対象語標示はヲ格に著しい偏りをもって現れる。

ハダカ格
花 折りなどする

ヲ格
秋の田の実を 刈り収め／吉野の滝を 堰かむ／御前なる菊を 折りて

1.1.1.2　とりつけ

　このむすびつきは他から作用を受けることにより、第一の対象を第二の対象（ニ格名詞句）に付着させるという具体的な運動をあらわす。

　現代語においてとりつけのむすびつきがあらわす変化の様相は「接触から表面への付着まで、包含から貫通にいたるまで、いろいろある」（奥田 1968–1972）が、これらは客体名詞（＝主に物）が「他のもの（第二の対象）にくっつけられること」をあらわし、顕在的にせよ潜在的にせよこの種の連語の構造的タイプとして第二の対象としてのニ格名詞句が必要となる。

　古代語においてこのむすびつきのあらわす変化の様相は表面への付着がほとんどであり、表現の多様性に欠ける。付着の相手先である第二の対象としてのニ格名詞句は潜在化することが多いが、第二の対象への表面的な付着をあらわす連語を「もようがえ」とは区別してとりあげることとする。

　「とりつけ」のむすびつきは対象語名詞の語彙的意味にしたがって「物のとりつけ」「自然物のとりつけ」「現象（物）のとりつけ」の下位区分をほどこして考えることができる。以下、順にとりあげる。

①物のとりつけ（φ 105：ヲ 58）
　「筆　うち置き」「高欄に御車　ひき懸けて」などのむすびつきである。第一の対象（＝物名詞）を第二の対象（＝場所名詞）に付着させることをあらわす。付着の相手先をあらわす第二の対象（ニ格名詞句）が顕在化されることは少ないが、表現化されない場合にも含意されているものと考えられる。

　構成要素となるおもな動詞は「あつ（集）む」「い（入）る」「お（置）く」「かく（隠）す」「き（着）なす」「き（着）る」「た（立）つ」「たてまつ（奉）る」「つ（付）く」「ひ（引）く」「まゐ（参）る」「わた（渡）す」などである。

　主体変化の「物のとりつけ」のむすびつきはつくられにくかったのに対し、客体変化のむすびつきは豊富な用例分布をみせており、

表現の多様性もみとめられる。

　対象語名詞はハダカ格とヲ格によって標示され、多くの共通する動詞とむすびつく。ハダカ格によって対象語標示される傾向が高く、全体の6割以上（約64％）をハダカ格が占めている。

　ハダカ格
　御匣殿などにも*2、設けの物　召し集めて／御車　入るべき／萎えたる衣どもの厚肥えたる、大いなる籠にうちかけて／高欄に御車　ひき懸けて／数珠　ひき隠し／いますこし濃やかなる夏の御直衣に、紅の艶やかなる　ひきかさねて／御衣　ひき被きて／きよらなる衣　着せ／昔の薫衣香のいとかうばしき一壺　具して／遣水の音まさるべき巌　たて加へ／櫛　おしたれてさしたる／持仏　すゑたり／御髪上の調度めく物、添へたまふ／おはします殿の東の廂、東向に倚子　立てて／鈍める御衣奉れる／きたなげなる褶　ひき結ひつけたる／濃き青鈍の紙なる文　つけて／難波に舟　さしとめて／舟にことごとしき人形のせて／簾　高くおし張りて

　ヲ格
　わが御髪の落ちたりけるを　取り集めて／ありつる小袿を、さすがに御衣の下にひき入れて／唐櫃だつ物どもを　置きたれば／衣の裾を　物にひきかけて／かはほりのえならずゑがきたるを、さし隠して／白き袷、薄色のなよよかなるを　重ねて／直衣ばかりを　しどけなく着なしたまひて／単衣ばかりを　押しくくみて／玉を　敷ける／枕を　そばだてて／几帳を　障子口には立てて／鼻に紅を　つけて／唐の浅縹の紙を　継ぎて／灯明き方に屏風を　ひろげて／秋の前栽をば*3　むらむらほのかにまぜたり／軟障ばかりを　引きめぐらして／紙屋紙に唐の綺を　陪して

②自然物のとりつけ（φ5：ヲ17）
　「自然物のとりつけ」は「この御箱の蓋に苔　敷き」「かくえならぬ根を　引きかけ」のようなむすびつきであり、「菖蒲」「草木」「春の木」「苔」などの植物をあらわす名詞が対象語となり、「う（植

う」「し（敷）く」「ふ（葺）く」「ま（混）ず」などの動詞とむすびつく。第一の対象（＝自然物名詞）を第二の対象（＝場所名詞）に付着させることをあらわす。

　客体変化の連語では対象に変化を与えるような作用をあらわすことが一般的であり、物名詞が対象語になりやすい。自然物名詞は自発的に変化をひき起こす主体として表現されやすく、主語名詞として用いられる傾向があるが、客体変化の「とりつけ」のむすびつきにおいてはヲ格の形をとって対象語として多く現れる。

　「この御箱の蓋に苔　敷き」のように、自然物名詞が客体変化の「とりつけ」のむすびつきの構造の中にとりこまれると、自発的な変化主体としての性質を失い、物名詞さながらに作用対象として表現されるものと考えられる。

　自然物名詞のように作用対象として表現されにくい名詞が対象語として標示される場合、ヲ格が用いられる傾向がみとめられる。

　　　ハダカ格
　　　　水のほとりに菖蒲　植ゑしげらせて／この御箱の蓋に苔　敷き／葦　ふける／春秋の木草、その中にうちまぜたり

　　　ヲ格
　　　　中宮の御前に、秋の花を　植ゑさせたまへる／同じ木草をも　植ゑなしたまへり／秋の錦を　風の吹きおほふか／かくえならぬ根を　引きかけ／菊の色々うつろひ、えならぬを　かざして／鳥には、銀の花瓶に桜を　さし／もとの山に、紅葉の色濃かるべき植木どもを　そへて／山人の赤き木の実ひとつを　顔に放たぬ／御箱の蓋に、いろいろの花紅葉を　こきまぜ

　③現象（物）のとりつけ（φ2：ヲ3）

　「涙　灑く」「火を　ただほのかに入れて」などのむすびつきで、「涙」「露」「火」などの視覚的に捉えられるような現象（物）名詞が対象語となり、「い（入）る」「う（浮）く」「そそ（灑）く」などの動詞とむすびついて、第一の対象（＝現象（物）名詞）を第二の対象（＝場所名詞）に付着させるような運動をあらわす。

このむすびつきは実現されることが少なく、現象（物）名詞は対象語として表現されにくいことがうかがえる。現象（物）名詞は主体変化の連語の中で主語として用いられる傾向があり、自発的な変化主体として表現されやすい性質を有しているといえる。

　ただし、現象（物）名詞が客体変化の連語の構造の中にとりこまれると、この種の名詞が有していた自発的な変化主体としての性質を失い、物名詞性を帯びるものと考えられる。

　用例が少なく対象語名詞の語形態についての十分な分析はできないが、ハダカ格、ヲ格ともに少数ずつみとめられる。以下に全用例をあげる。

　　ハダカ格
　　虫の籠どもに露　かはせたまふ／涙　灑く

　　ヲ格
　　火を ただほのかに入れて／涙を 一目浮けて／涙を 浮けて

④動物のとりつけ（φ4：ヲ4）
　このむすびつきは「鷹」「馬」「駒」「蛍」「鵜」などの動物名詞を対象語とし、「す（据）う」「た（立）つ」「な（並）む」「つつ（包）み お（置）く」「おろ（下）す」などの動詞とむすびつき、第一の対象（＝動物名詞）を第二の対象（＝場所名詞）に付着させるような運動をあらわす。

　客体変化の連語では物名詞を作用対象として表現するのが一般的である。一方、動物名詞は主体動作動詞の主語として用いられる傾向の高い名詞であり、自発的な動作主体として表現されやすい名詞である。このような名詞は客体変化の連語の対象語となることが少なく、自然物名詞、現象名詞と同様に作用対象として表現されにくい名詞といえる。このような名詞が客体変化の連語の構造の中にとりこまれ、作用対象として表現されると、物名詞に準じたふるまいをする。

　対象語標示の形態はハダカ格、ヲ格各4例ほどみとめられ、用例は不十分であるが、ヲ格標示される割合がやや高いといえる。

馬や鳥などの身近な動物をあらわす名詞を対象とする傾向は両形態に共通してみとめられるが、ハダカ格が標示するのは飼育動物や食糧用に捕獲した動物など、人間の管理下におかれる動物に限られるのに対し、ヲ格は「蛍」や「野辺の虫」などの人間の管理を離れたところに生命活動をいとなむ野生生物をも対象語標示する点に相違がある。

　ハダカ格
　蔵人所の鷹　すゑて／御馬ども　近う立てて／駒　並めて／馬場殿に、左右の寮の御馬　牽き並べて

　ヲ格
　螢を 薄きかたに、この夕つ方いと多くつつみおき／鵜を おろさせたまへり／いたづらなる野辺の虫をも すませて／世になき上馬どもを ととのへ立てさせたまへり

1.1.1.3　とりはずし

客体変化の「とりはずし」のむすびつきは他からの作用を受けて第一の対象を相手先である第二の対象からとりはずすことをあらわす。このタイプの連語は潜在的に三単語のくみあわせから成る*4。この三単語性という点において「とりはずし」のむすびつきは「とりつけ」のむすびつきと共通しており、両者はむすびつきのつくる意味において対立をみせる。

　奥田（1968-1972）に「とりはずしのむすびつきをあらわす連語の三単語的な性格は、とりつけのカテゴリーほど厳密ではない」（『日本語文法・連語論（資料編）』p.31）とあるように、現代日本語においてはカラ格名詞が必ずしも顕在するとは限らない。今回の調査において第二の対象が示される用例は確認できず、古代語においても「とりはずし」のむすびつきの三単語性は希薄であるといえる。

　三単語性を有しているという点で「とりはずし」のむすびつきを「もようがえ」のむすびつきの中から抽出できるとすれば、古代語においては三単語の構造をもって現れる用例が確認できないのであ

るから、「とりはずし」のむすびつきの独立性はより低いものと考えられる。ただし、本書では「とりつけ」のむすびつきとの関係を考慮し、「もようがえ」のむすびつきとは区別してとりあげることとする。

　「とりはずし」のむすびつきを構成する動詞には以下のようなものがみとめられ、複合動詞*5が多く用いられるという特徴を有している。

　　投げ棄つ・抜く・脱ぐ・おし拭ふ・払ふ・かき払ふ・おしやる・ひきやる

　「とりはずし」のむすびつきにおいても、対象語名詞の語彙的意味にしたがって「物のとりはずし」「自然物のとりはずし」「現象（物）のとりはずし」の各区分をほどこすことができる。以下、順にとりあげる。

　①物のとりはずし（φ8：ヲ6）
　客体変化の「物のとりはずし」のむすびつきは、他から作用を受けることにより第一の対象（＝物名詞）を第二の対象（＝場所名詞）からとりはずすような運動をあらわす。しかし、平安期日本語においては第二の対象は表現化されることがなく、連語のタイプとしての独立性はそれほど高いものとは言えない。
　このむすびつきを構成する動詞は少なく、「おしやる」「ひきやる」「ぬ（脱）ぐ」「ぬ（抜）く」「な（投）げす（棄）つ」などがあげられ、複合動詞が多く用いられる。
　対象語標示の形態としてはハダカ格とヲ格が同程度みとめられ、衣服や調度品などをあらわす名詞を対象語とする点で両形態は共通している。むすびつく動詞も共通しているものが多い。
　　ハダカ格
　　　上なる衣　おしやる／御服、母方は三月こそはとて、晦日には脱がせたてまつりたまふを／太刀　抜きたる／筆　投げ棄てつべしや／帷子　ひきやりて

第4章　ハダカ格と有助辞格Ⅱ　　63

ヲ格
衣を 押しやりて／帷子を すこしかきやりたまへれば／太刀を 引き抜きて／御衾をひきやりたまへれば

②自然物のとりはずし（φ1：ヲ1）
　客体変化の「自然物のとりはずし」のむすびつきは草木や花などの植物名詞を第一の対象とし、これを第二の対象（＝場所名詞）からとりはずすことをあらわすが、やはり第二の対象は表現されることがない。ハダカ格、ヲ格ともにわずかな用例しかみとめられず、自然物名詞は「とりはずし」のむすびつきの構造のなかでは用いられにくいことがうかがえる。
　「自然物のとりはずし」のむすびつきの用例として確認されたのは以下にあげる2例のみである。どちらも植物名詞「蓬」と動詞「払ふ」とのむすびつきとなっている。
　　ハダカ格
　　蓬　払はせ

　　ヲ格
　　しげき草蓬をだに　かき払はむ

③現象（物）のとりはずし（φ9：ヲ11）
　「汗　おし拭ひつつ」「露　すこし払はせて」などのむすびつきで、「あせ（汗）」「なみだ（涙）」「つゆ（露）」などの現象（物）名詞を第一の対象とし、第二の対象（＝場所名詞）からとりはずすことをあらわす。これまでにも繰り返し述べてきたが、現象名詞は実態性が希薄であり、物理的に捉えにくい側面をもつが、ここでは現象名詞のなかでも視覚的に捉えられる現象（物）名詞を対象とする表現を「物の変化」のむすびつきとしてとりあげる。
　ただし、現象（物）名詞も主体変化の連語を構成することが多く、客体変化の連語の対象語としては捉えにくい性質を有しているといえる。「涙　拭ふ」というむすびつきにおいて「拭ふ」は作用対象を必要とする動詞であり、この動詞とむすびつくことで「涙」は対

象物として捉えられる。この様に、現象（物）名詞は作用対象を必要とする動詞とむすびつくことによって物名詞に準じた名詞として表現されているといえるだろう。

「現象（物）のとりはずし」のむすびつきは主体変化の連語としてはつくられにくかったのに対し、客体変化の連語としては比較的多くの用例がみとめられる。しかし、「ぬぐふ」「はらふ」などの動詞とむすびつく類型表現が大半を占めており表現の多様性には欠ける。

対象語標示の形態はヲ格がハダカ格を上回ってみとめられる。現象（物）名詞のように作用対象としては表現されにくい名詞を対象語標示する場合、ヲ格が用いられる傾向がある。

　ハダカ格
　汗　おし拭ひつつ／涙　おし拭ひつつ／露　すこし払はせて

　ヲ格
　涙を　拭ひあへり／涙を　のごひたまひ／雪を　うち払ひつつ／御さきの露を　馬の鞭して払ひつつ／涙のこぼるるを　かき払ひたまへる／涙を　紛らはしたまへる

以上、「物の変化」のむすびつきについてみてきた。「もようがえ」のむすびつきと比べ、「とりつけ」、「とりはずし」の各むすびつきは連語のタイプとしての独立性がそれほど高くない。しかし、これらのむすびつきは自然物名詞や現象（物）名詞のような作用対象として表現されにくい名詞を物名詞に準じて表現し、客体変化の構造の中にとり込むような直接性、具体性の高い作用を具えている点において、「もようがえ」のむすびつきとの差異がみとめられる。

1.1.2　人の変化
客体変化の「人の変化」のむすびつきは他の能動的主体によって、あるいはみずからの自発的な運動の結果、対象（＝人あるいは人の身体部位）に変化がひき起こされるような作用をあらわす。この種の連語は客体に生じる変化の様相にしたがって「生理的状態変化」

「空間的状態変化」「心理的状態変化」「社会的状態変化」の下位区分をほどこして考えることができる。

1.1.2.1　生理的状態変化

　客体変化の「生理的状態変化」のむすびつきは、他の能動的主体によって、あるいはみずからの自発的な運動の結果、対象（＝人あるいは人の身体部位）に生理的、位置的変化がひき起こされるような作用をあらわす。対象語名詞が人名詞であるか人の身体部位をあらわす名詞であるかによってさらに下位区分をほどこすことができる。それぞれ、「人の生理的状態変化」のむすびつき、「身体部位における生理的状態変化」のむすびつきとよび、以下、順にとりあげる。

　①　人の生理的状態変化

　「人の生理的状態変化」のむすびつきでは人名詞を対象語とし、他から作用を受けることによって、またはみずからの自発的な運動の結果、対象（＝人）に生理的もしくは位置的な変化がひき起こされるような運動をあらわす。このむすびつきの動詞には使役の接尾辞をともなった形が多く用いられる。人名詞は能動的主体をあらわす代表的な名詞であり、他の能動的主体による作用は客体となる人名詞の「主体性を媒介にして」（奥田 1968–1972）成りたっているものといえ、作用と客体に生じる変化との関係は間接的なものといえる。

　「人の生理的状態変化」のむすびつきは客体において生じる変化の様相にともなって「人　しづ（静）む」のように生理的な状態変化をあらわす場合と、「人　起こす」のように位置的な状態変化をあらわす場合とがみとめられ、それぞれ「生理的変化」、「位置的変化」に区分できる。

　①-1「生理的変化」（φ2：ヲ4）
　「生理的変化」のむすびつきは「人　とく静めて」「御使　いとまばゆきまで酔はす」のようなむすびつきで、対象語には一般名詞の

「人」が多く用いられる。動詞には「静む」「空しくす」などのほか、「よ（酔）はす」「ひきつくろはす」のような使役の接尾辞をともなった動詞が多く用いられ、作用と客体に生じる変化との関係は間接的なものといえる。

　この種のむすびつきが多くつくられることはなく、対象語標示にはヲ格がハダカ格を上回ってみとめられる。

　　ハダカ格
　　人　とく静めて／御使　いとまばゆきまで酔はす

　　ヲ格
　　人を　しづめて／人を　いたづらになしつる／この人を　空しくしてん

①-2「位置的変化」（φ4：ヲ4）
「位置的変化」のむすびつきは「姫君　起こしたてまつりたまひて」「右近を　起こしたまふ」のようなむすびつきで、対象語となる人名詞には「姫君」「小君」などの固有名詞が比較的多く用いられており、より具体的に運動の様相が表現されることが多い。今回の調査で確認された動詞は全て「お（起）こす」であり、表現の多様性には欠ける。

　用例は少ないが、対象語標示の形態にはハダカ格とヲ格が同程度みとめられ、ヲ格の用いられる割合は比較的高くなっている。

　「御達　寝ぬ」「人の　寝ぬ」などのように対応する主体表現がみとめられるが、これは主体動作主体変化動詞と主語名詞とのくみあわせであり、本書では「生理的な動き」のくみあわせとしてとりあげている*6。

　　ハダカ格
　　姫君　起こしたてまつりたまひて／渡殿なる宿直人　起こして／姫君　起こしたてまつりたまひ

　　ヲ格
　　小君近う臥したるを　起こしたまへば／人を　起こさむ／右近

を 起こしたまふ／この御かたはらの人を かき起こさむとす

　「生理的変化」「位置的変化」ともにむすびつきが多くつくられることはない。人名詞は主体動作動詞や主体動作主体変化動詞の主語として自発的な動作主体として表現される傾向があり、客体変化の連語の対象語となることは少ない。客体変化の連語の対象語となる場合には動詞に自動詞の使役形が多く用いられるように作用と客体に生じる変化との関係が間接的になる傾向がある。奥田（1968-1972）は「はたらきかけと変化との関係は、物にたいするはたらきかけをあらわす連語では、直接的であるが、人にたいするはたらきかけをあらわす連語では、主体性を媒介にしている」（『日本語文法・連語論（資料編）』p.45）ことを指摘しており、これは古代語においてもあてはまる。人名詞は能動的主体をあらわす代表的な名詞であり、他の能動的主体による作用対象として表現されにくい性質を具えているといえる。このような性質を具えた名詞の対象語標示にはヲ格が用いられる傾向がある。「生理的変化」「位置的変化」の各むすびつきにおいて、ともに人名詞対象語がヲ格で標示されやすいのはこのような人名詞の語彙的性質が反映されたものと考えられる。

　② 身体部位における生理的状態変化
　次に、身体部位をあらわす名詞を対象語とするむすびつきについてとりあげる。上述のように、人名詞を対象語とする「人の生理的状態変化」をあらわすむすびつきはつくられにくいのに対し、身体部位をあらわす名詞を対象語とするむすびつきは多数みとめられ、「生理的状態変化」のむすびつき全体のなかで大きな位置を占める。
　「身体部位における生理的状態変化」のむすびつきは客体において生じる変化の様相の差異に基づき、「生理的変化」と「位置的変化」にわけて考えることができる。

　②-1 身体部位における生理的変化
　「身体部位における生理的変化」のむすびつきには「頭　剃る」

「頭　もたぐ」のように現実の出来事としての状態変化をあらわしたもの（a）と、「声　いたうつくろひて」「御胸　つぶしたまへど」のような比喩的に状態変化を表現したもの（b）の二つのタイプがみとめられ、むすびつきの性質に違いがある。

(a) 現実の出来事としての状態変化（φ 25：ヲ 13）
　ハダカ格
　　口　覆ひて／御髪　おろしたまふ／手　かくものから／鼻　うちかみたまふ／目　覚まして／鼻　すすりうちして／御髪　いとをかしげにはなやかに削ぎて／頭　剃り／口　とぢたる／腰　のべて／眼尻　ひきあげたり／御耳　塞ぎたまひつ／御額髪　ひきつくろひ／御目　わづらふ

　ヲ格
　　指を　かがめて／鼻を　忍びやかにかみわたす／目を　覚まして／御胸を　せき上げて／いときよらなる御髪を　そぐ／目を　おししぼり／御鬢ぐきのしどけなきを　つくろひたまふ／御胸を　いたう悩みたまへば／腹を　病みて

(b) 比喩的に状態変化をあらわしたもの（φ 32：ヲ 6）
　ハダカ格
　　目　驚かして／目　くはす／耳　たてたまはず／声　いとうつくろひて／御胸　つぶしたまへど／耳　とどめたまへるに／耳　馴らしつつ／耳　はさみがちに／目　放つまじかりける

　ヲ格
　　人の目をも　おどろかし／目を　側めつつ／目を　たてて／目を　しつとつけたまへれば／御胸を　つぶしたまひつつ

　上記の二つのタイプの連語にはみずからの身体部位をあらわす名詞を対象語とする再帰的な表現が多くみとめられる。他の人間を作用の対象とする「人の生理的状態変化」のむすびつきにおいては対

第4章　ハダカ格と有助辞格 II

象語標示にヲ格が用いられる傾向がみとめられるのに対し、みずからの身体部位を対象とする再帰的な表現においては対象語標示にハダカ格が多く用いられる点は注目にあたいする。客体変化の「人の変化」のむすびつき全般において対象語標示にヲ格が多く用いられる傾向があるのに対し、再帰的表現においてはハダカ格が用いられる傾向がみとめられることは、再帰名詞が作用対象として表現されやすい名詞であることを示唆する。

　このむすびつきのなかで比喩的に状態変化をあらわすタイプには「目　とどむ」「耳　とどむ」のような類型表現が多くみとめられ、名詞と動詞のむすびつきは固定的な表現となっている*7。このような類型表現がハダカ格の形で現れることは、対象語標示の形態としてハダカ格がより古い形態であることを思わせる。

　②-2 身体部位における位置的変化（φ3：ヲ1）
　「身体部位における位置的変化」のむすびつきは「頭」「顔」「髪」のような身体部位をあらわす名詞を対象語とし、位置的変化をひき起こすことをあらわす。用例は少なく、動詞「もたぐ」とのむすびつきによってつくられる類型表現に限られる。

　　ハダカ格
　　頭　もたげて／御髪　もたげて／頭　もたげたまへるに

　　ヲ格
　　顔を　もたげたる

　「生理的状態変化」のむすびつき全般において人名詞よりも身体部位をあらわす名詞が対象語になりやすく、その場合、比喩的な表現が多くみとめられた。さらに、比喩的な表現の大部分は「目　立つ」のような再帰的な表現であり、その対象語標示の形態は大半がハダカ格であった。一方のヲ格は人名詞の対象語標示に用いられる傾向がみとめられ、両形態の現れは対照的な分布をみせる。身体部位をあらわす名詞の対象語標示には比喩的な表現におけるよりも現実の出来事をあらわす場合においてヲ格がやや多く用いられるが、

いずれの場合にもハダカ格を上回って用いられることはない。

　客体変化の「人の変化」のむすびつき全般において、三人称人名詞を対象語とする場合、客体において生じる変化はその人間の主体性を媒介とするため、動詞は使役の接尾辞をともないやすい。作用対象として表現しにくい名詞の対象語標示としてヲ格が用いられる傾向については既に指摘しているが、「生理的状態変化」のむすびつきにおいても同様の傾向が確認されるのであり、作用と客体に生じる変化との関係が間接的な場合の対象語標示はヲ格の機能の一つと考えられる。

1.1.2.2　空間的状態変化

「空間的状態変化」のむすびつきは他からの作用により対象（＝人）に空間的な位置変化をひき起こす運動をあらわす。前掲の「人の生理的状態変化」における「位置変化」のむすびつきも空間的な位置変化をあらわすが、「位置変化」のむすびつきでは「起く」「寝」などの身体運動にともなう空間的な上下の位置変化をあらわすものに限定される。それに対して「空間的状態変化」のむすびつきでは「ぐ（具）す」「そ（添）ふ」「の（乗）す」などの動詞によって構成され、他からの作用によって客体に移動をともなう空間的な位置変化がひき起こされることをあらわす。「物の変化」のむすびつきにおける「とりつけ」のむすびつきと重なる動詞が多く、第二の対象（ニ格名詞句）で広げることができるが、古代語においては三単語のむすびつきとして現われることは少ない。

　「物の変化」における「とりつけ」のむすびつきは第二の対象である「とりつけ」の相手を潜在的に含みもっているものと考えられるが、実際に三単語のむすびつきの形をもって現れる用例はそれほど多くなかった。「人の変化」における「空間的状態変化」のむすびつきにおいても第二の対象を必要としない場合が多いようであるが、以下のような用例もみとめられる。

げに苦しくらうたげならん人を　ここにすゑて
惟光ばかりを　馬に乗せて

第4章　ハダカ格と有助辞格Ⅱ　　71

今から気高くきよらなる御さまを、ことなるしつらひなき舟にのせて
若き女房たちの、ものめでしぬべきを 舟にのせたまふて
小君達を 車に乗せて

　上記は「空間的状態変化」のむすびつきにおいて第二の対象を顕在させる例であるが、いずれの場合も第一の対象はヲ格のかたちで現れる。第一の対象がハダカ格のかたちをとる場合に第二の対象が顕在化されることは少ない。ヲ格による対象語標示は他の名詞成分や動詞成分との関係性を明示するのに貢献していたものと考えられる。

　「空間的状態変化」のむすびつきは対象語名詞の語彙的意味の差異にしたがってさらに「人の空間的位置変化」と「身体部位における空間的位置変化」とに区分できる。以下、順にとりあげる。

　①人の空間的位置変化（φ 21：ヲ 30）
　「人の空間的位置変化」は「近く人々　さぶらはせたまひて」「むすめ　すませる」などのむすびつきで、人名詞を対象語とし、「いざなふ」「お（下）ろす」「ぐ（具）す」「とどむ」「そふ」などの動詞とむすびつく。このほか、「さぶらはす」「す（住）ませる」「の（乗）す」といった自動詞の使役形が用いられるのが特徴である。第一の対象（＝人名詞）を第二の対象（＝場所名詞）にとりつけるといった客体に空間的位置変化をおよぼすような運動をあらわす。

　このむすびつきは「物の変化」のむすびつきにおける「とりつけ」に近い作用をあらわす。「とりつけ」のむすびつきにおいて第二の対象が表現化されるこが少ないように、このむすびつきにおいても第二の対象を顕在させる例は少ない。第二の対象が現れるのは第一の対象がヲ格の場合に限られる。

　　ハダカ格
　　童べ　おろして／ことごとしげなる随身　具したる／人々、まかで散らさずさぶらはせたまふ／むすめ　住ませたる／人　すゑて／いと親しき人　さし添へたまひて／御使　とどめさせて

／人々　退けず／人　宿したてまつらむ

ヲ格
この君を　なほもいざなはむ／女親なき子を　置きたらむ／尚侍の君を　朱雀院の后の切にとり籠めたまひし／惟光などばかりを　さぶらはせたまふ／げに心苦しくらうたげならん人を　ここにすゑて／御使に人を　添へ／惟光を　つけ／皇子をば　止めたてまつりて／院の鵜飼を　召し並べて／遠き国々より妻子を　ひき具しつつ

　対象語標示の形態としてハダカ格を上回ってヲ格が多くみとめられる点は、人名詞を対象語とする連語に共通した特徴である。「人の空間的位置変化」のむすびつきにおけるハダカ格とヲ格の現れには次のような差異がみとめられる。ハダカ格の場合には「人」「童べ」「人々」などの普通名詞、複数名詞を対象語標示する傾向がある。これに対してヲ格は普通名詞を標示することもあるが、「この君」「尚侍の君」「惟光」などの固有名詞を多く標示する傾向がある*8。

②身体部位における空間的位置変化（φ６：ヲ８）
　「尻　かけて」「顔　ひき隠して」などのむすびつきで、人の身体部位をあらわす名詞を対象語とし、「お（置）く」「かく（隠）す」「なら（並）ぶ」などの動詞とむすびつくことで、第一の対象（＝身体部位をあらわす名詞）を第二の対象（＝場所名詞）に付着させるといった運動をあらわす。運動主体自身の身体部位をあらわす名詞を対象語とする再帰的な運動をあらわす。第二の対象は顕在化されることが少ない。

　ハダカ格
　面　おかん／顔　ひき隠して／尻　かけて／髪　着こめたる／高欄に背中　しつつ／つばさ　並べし

　ヲ格

第４章　ハダカ格と有助辞格Ⅱ　　73

胸に手を 置きたる／顔を もて隠して／膝を つきて／翼を ならべ／手を ひき放たず

　用例は少ないが、ハダカ格とヲ格はほぼ同程度にみとめられる。前掲の「人の空間的位置変化」のむすびつきでは対象語標示の形態に応じて名詞の語彙的意味に差異がみとめられたが、「身体部位における空間的位置変化」ではほぼ同様の名詞が用いられている。

1.1.2.3　心理的状態変化（φ1：ヲ1）

　「心理的状態変化」のむすびつきは人名詞を対象語とし、客体に心理的な変化をひき起こすような運動をあらわす。隣接表現に「心」「願」といった人の心理的側面をあらわす名詞を対象語とするむすびつきがあるが、これらは名詞の語彙的意味の抽象性から事柄名詞として捉えることが可能であり、本書では「事の変化」のむすびつきのなかでとりあげる。

　人名詞を対象語とする「心理的状態変化」のむすびつきはハダカ格に1例、ヲ格に1例みとめられるのみである。いずれも使役形由来の動詞が用いられている。

　　ハダカ格
　　南殿の鬼のなにがしの大臣　おびやかしける

　　ヲ格
　　人を まどはし

1.1.2.4　社会的状態変化（φ4：ヲ16）

　客体変化の「社会的状態変化」のむすびつきは「わがかなしと思ふむすめを 仕うまつらせばや」「らうたげに見えしを、身近く使ふ人にせむ」などのむすびつきで、人名詞を対象語とし、客体が「新しい人間関係のなかにひきこまれる、あるいは、その人の社会的な状態を変化させることが表現されている」（奥田 1968–1972『日本語文法・連語論（資料編）』p.54）。

　人名詞を対象語とする場合のほかに、「身」のような人の側面を

あらわす名詞を対象語とする場合がある（「身を 沈めたる」など）。その場合、他の人間を対象とした作用ではなく、自身への作用をあらわす再帰表現となっている。ただし、このようなむすびつきは名詞の語彙的意味が抽象的であることから「事の変化」のむすびつきのなかでとりあげる。

　ハダカ格
　あが姫君　大弐の北の方ならずは当国の受領の北の方になしたてまつらむ／権中納言の御むすめ、その年の八月に参らせたまふ*9

　ヲ格
　蔵人少将を なん通はす／王命婦を 御かはりにてさぶらはせたまへば／しひて女御を おし沈めたまふも／中将などをば、すくすくしき公人にしなしてむ／らうたげに見えしを、身近く使ふ人にせむ／わがかなしと思ふむすめを 仕うまつらせばや／この君を 親王にもなさせたまはざりけるを

　動詞には「しづむ」「なす」などのほか、「参らす」「さぶらはす」「かよはす」「つかうまつらす」などの使役の接尾辞をともなった動詞が特徴的に用いられており、この場合、作用と客体に生じる変化との関係は間接的である。また、用例は多くはつくられないが、ヲ格がハダカ格の4倍ほど用いられており、分布に偏りがみとめられるなど、人名詞を対象語とする連語に共通する特徴がみとめられる。

1.1.3　事の変化

　「事の変化」のむすびつきは「はたらきかけをうけて、変化をするのは、人や物ではなく、それらのうごき、状態、特徴、あるいは関係である」。そして、この種の連語を構成する動詞は「その他動性の中にはたらきかけをあらわしながら、これら（＝状態や特徴など）の側面における変化をしめしている」（奥田 1968–1972『日本語文法・連語論（資料編）』p.63*10）。

「事の変化」のむすびつきは対象語名詞の語彙的意味にしたがって「事柄」「属性」「心理」「現象」の下位区分をほどこすことができる。

1.1.3.1 事柄（φ 16：ヲ 30）
このむすびつきは「かの入道の遺言　破りつべき」「わが方のしつらひ　まばゆくして」のように、「遺言」「言」「世」「儀式」「道理」などの社会的な事柄や抽象的な概念をあらわす名詞を対象語とし、これらに何らかの変化をひき起こすことをあらわす。

動詞には「かざ（飾）る」「かく（隠）す」「かへ（返）す」「つつ（包）む」といった「物の変化」のむすびつきを構成する動詞も数多く用いられるが、対象語名詞の語彙的意味の抽象性により、動詞のあらわす作用は「物の変化」のむすびつきにおいてみられるような具体性をもたない。また、「人の変化」のむすびつきにおいてみとめられるほど多くはないが、「なび（靡）かす」「かろ（軽）ます」といった使役の接尾辞をともなう動詞もみとめられる。

このむすびつきにおける対象語標示の形態にはヲ格がハダカ格の2倍近く用いられる。事名詞の中には社会的に慣例となっている儀式や事柄をあらわすものも多く含まれており、この類の名詞は人為と関わらずに生起する点において現象名詞との類似性がみとめられる。

ハダカ格
故大納言の遺言　あやまたず／二上院に夜離れ　重ねたまふを／言　籠めたれば／わが方のしつらひ　まばゆくして／事　そがず／院の御遺言　たがへず／思し出づばかりのなごり　とどめたる／儺　やらふ／かの入道の遺言　破りつべき／方　分かたせたまへり

ヲ格
なほめづらしかりける昔の例を　改めで／道理をも　失はせたまひ／世を　限るべき／何ごとを　隠すべきぞ／心知らぬ人目を　飾りて／常のことどもを　変へて／ここら世を　もてしづめたふ／

世を たもちたまふべき／色種を 尽くして／難波津をだに はかばかしうつづけはべらざめれば／はかなき事をも つつみて／よろづを ととのへたまへり／天の下を さかさまになしても

1.1.3.2 属性（φ 25：ヲ 59）

「さま かへて」「きよらを 尽くして」のようなむすびつきで、「位」「氏」「影」「ありさま」「齢」「罪」といった、性質、状態、境遇などの人や物に具わる側面をあらわす抽象的な名詞を対象語とし、客体に何らかの変化をひき起こすことをあらわす。

「かく（隠）す」「かさ（重）ぬ」「しづ（沈）む」といった「物の変化」のむすびつきを構成する動詞が数多く用いられる点、また、「人の変化」のむすびつきにおいてみとめられるほど多くはないが、「かる（軽）ます」「まぎ（紛）らはす」といった使役の接尾辞をともなう動詞が用いられる点など、前掲の「事柄」のむすびつきとの共通性がみとめられる。このむすびつきにおいても対象語名詞の語彙的意味の抽象性により、動詞のあらわす作用は「物の変化」のむすびつきにおいてみられるような具体性をもたない。

対象語標示の形態にはヲ格がハダカ格の2倍程度の高い割合で用いられており、この点においても「事柄」のむすびつきと同様である。

ハダカ格

氏 改むる／年ごろ沈みつる罪 うしなふ／右大将 かけたまへる／影 隠しけれ／身 固めて／さま 変へたまはむ／罪 軽ませたまはめ／声 のどやかにおし静めて／水の心ばへ 繕はせたまふとて／残りの齢 積むべき／姿 めやすくととのへて／懐手 ひきなほしつつ／この舌疾さ やめはべらむ

ヲ格

御位を また改めたまふべきならねば／とけがたかりし御気色を、おもむけきこえたまひて／さまを 変へ／その罪を 軽めて／跡を 絶えたる／目に近き今日明日の見苦しさを つくろはんと／名を つつむ／撫子の色を ととのへたる／女君の心苦しき

御気色を、とかく慰めきこえたまふ／その織女の裁ち縫ふ方を のどめて／齢をも 延べん／さらに後のあとの名を はぶくとても／身を はふらかしつるにや／ありがたき才のほどを 弘め／つれづれをも 紛らはし／手を いますこしゆゑづけたらば

1.1.3.3 心理（φ 105：ヲ 83）

「心 あらためて」「恥を 隠しつつ」のようなむすびつきをつくり、「心」「情」「興」「御心地」「頼み」「恥」「悲しび」などの人間に具わる心理的、感情的側面をあらわす名詞を対象語とし、客体に何らかの変化をひき起こすことをあらわす。

「あらたむ」「い（入）る」「うごかす」「うつす」「おく」「お（負）ふ」「か（掛）く」「くだく」「す（棄）つ」「たがふ」「と（解）く」「とどむ」「とる」「やぶる」「みだる」などの「物の変化」のむすびつきの構成要素ともなる動詞のほか、「強がる」「なぐさむ」「まどはす」「なやます」といった動詞が用いられる。「物の変化」のむすびつきの構成要素としても用いられる動詞は「心理」のむすびつきのなかで用いられることにより、その語彙的意味にずれを起こして抽象的なものとなっている。

「心 とどめ」「心 よせ」などの名詞「心」を構成要素とする例が多数みとめられ、この場合、対象語標示にはハダカ格が用いられる傾向がある。名詞「心」のつくるむすびつきは連語全体を一単語相当として捉えることも可能であるが、「心を とどめ」「心を よせ」のようにヲ格の用例もみとめられることから、本書では2単語から成る連語として捉え、分析対象としている。「心理」のむすびつきは「事の変化」のむすびつき全体のなかで大きな割合を占めており、ハダカ格、ヲ格ともに豊富な用例分布をみせる。対象語標示の形態による動詞や名詞の語彙的意味における際立った差異はみとめられない。

繰り返しのべることになるが、ここでとりあげる「心理」のむすびつきは「人の変化」のむすびつきにおける「心理的状態変化」のむすびつきにおいてとりあげることも可能である。しかし、本書では名詞の語彙的意味の抽象性が高いことから、「事の変化」のむす

びつきの中でとりあげている。「心理」のむすびつきが「人の変化」「事の変化」の双方のむすびつきとして捉えられるという事実は、この二つのむすびつきが連続的なものであることを示唆している。

 ハダカ格*11
 心　あらためて／御心　動かしたまふな／年ごろの頼み　失ひて／心　移す／人の恨み　負はじ／心　かけきこえたれば／高き本意　かなへたまへ／下の心　砕きたまふ／心　しづめたまうて／情　過ぐしたまはぬにしも／その心　違へさせたまふな／心　尽くされはべる／心　強がりたまひしかど／心　解くべくも／この人の宮仕の本意、かならず遂げさせたてまつれ／好み　ととのへたる／この御心　とりたまふ／心　慰めばや／心の中の隔て　残したまへる／心地　すこしのどめたまひて／人の心　励まさむ／いろいろの願　はたし申すべき／思ひ　紛らはし／この愁へ　やすめたまへ／御心　ゆかせたまひて／心　わけたまふ／心　をさめむ

 ヲ格
 心を 合はせて／心を 起こして／心を おどろかす／頼みを かけたまふ／恥を 隠しつつ／おぼつかなさの嘆きを 重ねたまふ／情を かはしつつ／悲しびを きはめ／興を さかすべき／さばかりの御心どもを 騒がして／御心を つくし／心を つくろひ／かうくり返し聞こえ知らする心のほどを、つつみたまふらむ／その御心ざしをも 遂げたまふべき／心を とどめたまふべくは／ほのすきたる心をこそ とどむべかめれ／心を 慰めたまふべけれど／心を 悩まし／いみじき愁へをだに はるけはべりぬべくは／人の心を まげたる／心を 寄せて／心をも よろこばせたまふ／心を 分くべくも

 1.1.3.4　現象（φ 11：ヲ 9）
「涙」「年」「月」「年月」「夜」などの現象名詞を対象語として、「夜　ふかして」「涙　とどめたまはず」などのむすびつきをつくる。「涙　とどむ」というとき、名詞「涙」は涙が流れるという事柄を

表現している。このむすびつきでとりあげるのはこのような物的名詞としては捉えにくい性質をもった現象名詞である。「とどむ」「かさぬ」などの「物の変化」のむすびつきと共通の動詞も用いられるが、ここでは対象語名詞の語彙的意味の抽象性により、あらわされる運動の様相も抽象的なものとなっている。このほか、「夜　更かして」「夜を　明かして」などのように「あかす」「ふかす」「くらす」といったこのむすびつきに特徴的に現れる動詞が用いられる。これらの動詞は自動詞の使役形である点において人名詞を対象語とする場合の動詞との共通性がみとめられる。人名詞が具えているような能動性はもたないが、自発的な変化主体として表現される傾向のある名詞が対象語となる場合にも使役語形が用いられる傾向がある。

　客体変化の「現象」のむすびつきはつくられにくいが、主体変化の「現象」のむすびつきには多くの用例分布がみとめられたことを考えあわせると、現象名詞は対象語として表現されにくい性質をもっていることがうかがえる。なお、対象語標示の形態にはハダカ格とヲ格が同程度にみとめられるが、ハダカ格は「夜　ふかして」の類型表現に多く用いられる。

　　ハダカ格
　　涙　とどめたまはず／夜　更かして

　　ヲ格
　　夜を　明かして／年を　重ねん／日を　かへて／日を　暮らす

　以上、「変化」のむすびつきについてとりあげてきた。客体変化の連語は物名詞を対象語とした具体的作用をあらわすのが典型であると捉えられがちであるが、平安期日本語においては「事の変化」のむすびつきにおいてもっとも多くの用例分布がみとめられることがわかる。

1.2　出現

主体動作客体変化動詞がつくる客体変化の連語の一つである

A–2「出現」のむすびつきについてとりあげる。客体変化の「出現」のむすびつきは物や人、事柄や現象などを対象とし、他からの作用によってこれまで存在しなかったものが新たに生じるような変化がひき起こされることをあらわしている。

「出現」のむすびつきは広義の「変化」にふくめて考えることもできるが、これまでに存在しなかったものが生じたり、加わったりするなどの独自の現象をあらわしていることから、本書では「変化」のむすびつきとは区別してとりあげる。

「出現」のむすびつきはその対象語名詞の語彙的意味にしたがって、「物の出現」「人の出現」「事の出現」の下位区分をほどこすことができる。以下、順にとりあげる。

1.2.1　物の出現

「物の出現」(ϕ 49：ヲ 27)

「薫物　合わせたまふ」「堂　建てて」「御座　よそはせて」のようなむすびつきをつくり、これまでに存在しなかった物をあらたにつくる、または加えるといった生産活動をあらわす。「堂」「御しつらひども」「船」「院」「御座」「柴垣」「滝」「薫物」「文」などの名詞を対象語とし、「加ふ」「しつらふ」などの動詞とむすびつく。このむすびつきは実在性の高い具体的な物をあらわす名詞を多く対象語とするが、「腰折文　作る」のような抽象性の高い名詞もふくまれ、このようなむすびつきを介して「事の出現」のむすびつきと連続している。

対象語標示の形態にはハダカ格が多く用いられるが、両形態のつくるむすびつきの間に際立った差異はみとめられない。

　　ハダカ格
　　薫物　合わせたまふ／よろづの御よそひ　何くれとめづらしきさまに調じ出でたまひつつ／滝　落して／堂　建てて／馬場殿　作りて／御絵ども　ととのへさせたまふ／内の御座　いと二なくしつらはせたまうて／御硯　とりまかなひて／臥したまへる所に御座　近う参りたれば／籬　いとなつかしく結ひなして／近き御枕上に御座　よそひて／世に見えぬさまの御くだも

の、何くれと、谷の底まで掘り出で

ヲ格
御直衣の花文綾を、このごろ摘みだしたる花して、はかなく染め出でたまへる／大事として、まことにうるはしき人の調度の飾とする、定まれるやうある物を、難なくし出づる／唐草を 乱れ織れる／いかめしき堂を 立てて／秋の野を 遥かに作りたる／梅を 彫りて／狩りの御装ひどもを 設けたまふ

1.2.2　人の出現
「人の出現」（ϕ 1：ヲ 0）
「子　産みたり」のようなむすびつきで、新たな命を産み出したり、社会的に人材を輩出したりする運動をあらわす。つくられるむすびつきは下記の1例のみである。
　ハダカ格
　「はかなきさまにて子　産みたり」

客体変化の「人の出現」のむすびつきは上記の用例「子　産む」の1例のみである。能動的主体として表現される傾向のある人名詞はこの種のむすびつきの対象語にはなりにくいことがうかがえる。

1.2.3　事の出現
「事の出現」（ϕ 83：ヲ 74）
「験　あらはしたまふ」「嘆き　負ふ」などのむすびつきで、「〜のこと」「世のもどき」といった事柄をあらわす名詞をはじめ、「罪」「形」といった人や物の属性をあらわす名詞、「恨み」「疑ひ」といった心理的側面をあらわす名詞などが対象語となる。「つく」「加ふ」「添ふ」「ととのふ」などの動詞とむすびつき、他からの作用によって事柄や動き、状態、人や物の側面などが新たに生み出されることをあらわす。

客体変化の「出現」のむすびつきのなかでは、もっとも多くの用例分布がみとめられる。ハダカ格、ヲ格どちらか一方の形態への大

きな偏りがなく、ともに多くのむすびつきがつくられ、用例分布は対立の様相をみせる。

ハダカ格
験　あらはしたまふ／あはあはしき事　この君ぞひき出でん／罪　得らむかし／とだえ　おきはべりし／嘆き　負ふ／言　加へたまふ／結　さす／さらぬをりだにある御気色　とり添へて／難　つくべう／跡　とむべき／年ごろの御心ばへ　取り返しつべう／拍子　とりて／怨み　残す／御賀の事　対の上思し設くるに／かうやうなる事　をりをりまぜたまふ／南殿の桜の宴　せさせたまふ

ヲ格
形を　あらはし／なき手を　出だし／なかなかなることを　うち出でて／ひが心を　得つつ／ここかしこ違ふ疑ひを　おきつべくなん／あまたの人のそねみを　負ひ／過ぎにし嘆きを　またや加へんと／ただかたそばを　気色ばむ／末の人の言ひ伝ふべき例を　添へむ／さまざまの願を　立てたまふ／玉の枝に瑕を　つけたる／御方々の御願ひの心ばへを　造らせたまへり／なまめかしさを　とり集めたる／ことに憚りたまふ気色もなき大臣の君の御もてなしを　取り加えつつ／世に名を　残したまへる／似げなき親をも　まうけたりけるかな／なつかしく柔いだる形などを　静かに描きまぜて

1.2.4　現象の出現　「事の出現」のむすびつきの周縁として
「現象の出現」（φ 15：ヲ 12）
　このむすびつきは「涙」「追風」「そらだきもの」「匂ひ」「香」などの現象名詞が対象語となり、「そらだきもの　匂はす」「涙　おとす」のようにこれまでに存在しなかった現象を生みだすような作用をあらわす。動詞に「にほはす」「くゆらかす」などの自動詞の使役形が用いられ、自発的な運動主体を対象語とする場合の特徴がみとめられる。
　主体変化の「事の出現」のむすびつきに比べて用例分布が少なく、

現象名詞が対象語として表現されにくいことがうかがえる。対象語標示の形態はハダカ格とヲ格が同程度用いられており、両形態ともに名詞「涙」を対象語とするむすびつきを多くつくるなど、共通性もみとめられる。ただし、ハダカ格は 15 例中 13 例が「涙　おとす」の類型表現となっており、ヲ格の場合の方が表現の多様性がみとめられる。

　　ハダカ格
　　涙　すこしは落したまひつ／御簾の内の追風　なまめかしく吹き匂はし／そらだきもの　心にくきほどに匂はして

　　ヲ格
　　涙を 落しつつ／涙をさへ こぼして／涙を ながす／世になきにほひを 尽くさせたまへり／いとあまえたる薫物の香を、かへすがへすたきしめゐたまへり／えもいはぬ匂ひを 散らしたり

1.3　移動
1.3.1　物の移動（φ 64：ヲ 20）

「かの琴の御琴　さし出でたり」「左右の御絵ども　参らせたまふ」のようなむすびつきで、「絵」「琴」「車」「舟」などの物名詞を対象語とし、客体に空間的な位置変化をひき起こすような運動をあらわす。動詞には「取る」「持つ」などの主体動作動詞（他動詞）*12 が多数みとめられるが、客体変化の「物の移動」のむすびつきでは「取る」「持つ」などの動詞が単独で用いられるのではなく、「もて参る」「取り出づ」といった複合動詞の形で用いられる点において両者は区分される。

　このむすびつきは「物の変化」のむすびつきにおける「とりつけ」や「とりはずし」のむすびつきとの類似性の高い表現といえるが、着点をあらわすニ格名詞句や起点をあらわすヨリ格名詞句などはほとんどみとめられず、三単語性は低いものと考えられる。「とりつけ」や「とりはずし」のむすびつきと共通する動詞もみとめられるが、「とりつけ」「とりはずし」のむすびつきでは接着面、離脱面などが連語のあらわす意味として重要であるのに対し、「物の移

動」のむすびつきの場合には接着面や離脱面などには無関心なものが多い。

　なお、「車」や「舟」のような名詞は物名詞であると同時に自発的な運動主体としての側面もあわせもっているが、客体変化の構造にとり込まれることで作用対象として物名詞さながらに表現されているといえる。

　ハダカ格
　　絵ども　集めらる／舟　出しつらむ／御琴　引き出でて／書司の御琴　召し出でて／かの琴の御琴　さし出でたり／高麗笛　とり出でたまへり／めづらしき古集のゆゑなからぬ　すこし選り出でさせたまひて／盃　もて出でて／こともなき手本　多く集へたりし／御車　おし返させて／御肴　まゐらせたまふ／散りすきたる梅の枝につけたる御文　持て参れり／紙燭　さして参れ／御硯　いそぎ召して／小さき火取り　とり寄せて

　ヲ格
　　わが髪の落ちたりけるを　取り集めて／後涼殿にもとよりさぶらひたまふ更衣の曹司を、ほかに移させたまひて／秋の草をも　掘り移して／御文を　もて来たれば／この箱を　まかでさせたまへるにぞ／胡床どもを　召したり／大きなる籠の下なりつる火取を　取り寄せて

　このむすびつきでは対象語標示にハダカ格が用いられる割合が高い。「い（出）づ」「まゐる」「よ（寄）す」などの動詞が複合動詞の形を多くとる点はハダカ格、ヲ格ともに共通している。また、むすびつき全体のつくる文法的意味の面においても対象語標示の形態間で大きな差異はみとめられない。ただし、ヲ格の用例は「をも」「をさへ」「ばかりを」など副助辞をともなった形態が多くみとめられ、作用対象として表現されにくい名詞を標示していることがうかがえる*13。

1.3.2 人の移動

このむすびつきは人名詞を対象語とし、他からの作用によって客体である人間に空間的な移動をひき起こすような運動をあらわす。「人の変化」における「人の空間的状態変化」のむすびつきとの類似性の高い表現であるが、「人の空間的状態変化」のむすびつきの場合は接着面、離脱面などが連語のあらわす意味として重要であるのに対し、「人の移動」のむすびつきはそのような接着面、離脱面との関わりには触れずに空間的な移動をあらわす。対象語となる名詞の語彙的意味にしたがって、さらに「人の移動」、「人の身体部位の移動」の区分がほどこせる。

「入れさす」「うつろはす」「出だす」などの使役の接尾辞をともなった動詞が多く使用されており、自発的な運動主体となる名詞を対象語とする場合に共通する特徴がみとめられる。

① 人の移動（φ 57：ヲ 47）

「乳母　召し出でて」「惟光　入れたまふ」のようなむすびつきで、「博士ども」「人々」「童べ」「宿直人」「惟光」「小君」「楽人」といった人名詞を対象語とし、客体に空間的な位置変化をひき起こすような運動をあらわす。構成要素となる動詞には「召す」「召し出づ」「まゐらす」などの待遇表現が多く用いられる。また、使役の接尾辞をともなった動詞も多くみとめられる。

「人の変化」のむすびつきにおける「人の空間的状態変化」のむすびつきとの類似性がみとめられるが、「人の空間的状態変化」のむすびつきはほとんどつくられなかったのに対し、「人の移動」のむすびつきは多数みとめられる（ハダカ格 57 例、ヲ格 47 例）。

能動的な主体として表現されやすい人名詞を対象語とする場合、使役の接尾辞をともなった動詞が多く用いられ、人名詞が作用対象として表現しにくい名詞であることがうかがえる。この点は現代語にも共通する特徴といえる。古代語においてはさらに、待遇的な上位者に対する作用をあらわす場合、述語動詞には他動詞の謙譲形が多くとられ、身分的上位者は作用対象として表現されにくいことがうかがえる。

対象語標示にはハダカ格とヲ格が同程度に用いられているが、前掲の「物の移動」に比べ、ヲ格の使用率が高い。
　ハダカ格
　いたづらに暇ありげなる博士ども　召し集めて／乳母　召し出でて／惟光　入れたまふ／御使　出し立てたまふ／花散里と聞こえし、移ろはしたまふ／使　さされたりけるを／宿直人　奉れたまへり／親しき人々、いみじう忍びて下し遣はす／かやうの人　集へても／かの人　参らせむ／中宮　まかでさせたてまつりて／惟光　召させて／中将　召しつればなん／人　走らせやる／佐　召し寄せて／姫君　渡しきこえたまひて／この姫君　京に率てたてまつるべき

　ヲ格
　京より散りぼひ来たるなどを、たよりにつけて呼び集めなどして／海人ども漁りして、貝つ物持て参れるを　召し出でて／ただ母君の御をぢなりける宰相ばかりの人のむすめにて、心ばせなど口惜からぬが、世に衰へ残りたるを、尋ねとりたまへる／この皇子を　鴻炉館に遣はしたり／このわたりの心知れらん者を　召して／世のひがものにて、才のほどよりは用ゐられず、すげなくて身貧しくなむありけるを、御覧じうるところありて、かくとりわき召し寄せたるなりけり／かの時より伝はりて宿守のやうにてある人を　呼びとりて／柱がくれにすこし側みたまへりつるを、引き寄せたまへるに

② 身体部位の移動（φ３：ヲ６）
　「頭」「顔」「手」「指」などの人間の身体部位をあらわす名詞を対象語とし、空間的位置変化を客体に生じさせるような運動をあらわす。動詞には「さし出づ」「ひき入る」「さし入る」「ひき寄す」など、複合動詞が多く用いられる。
　運動主体とは異なる人間への作用をあらわす用例（「指ひとつを　引き寄せて」）が１例みとめられるが、これ以外はすべて再帰的な表現となっている。用例は少ないが、対象語標示の形態として

第４章　ハダカ格と有助辞格Ⅱ　　87

ヲ格が用いられる割合が高い。

　ハダカ格
　頭　さし出づべくもあらぬ／顔　ひき入れつる

　ヲ格
　手を　さし出でたまはぬ／顔を　ひき入れて／かしらを　集へたり／指ひとつを　引き寄せて

---

*1　主体変化の連語では「現象（物）のもようがえ」がつくられることから、客体変化においても同様の下位区分をほどこす。主体変化の連語の場合と同様に、ここでは視覚的に捉えられる現象（物）名詞に限定する。
*2　以下、第二の対象に下線を付してしめす。
*3　本書では副助辞を後接する場合のヲ格も分析対象としている。
*4　第二の対象としての離れる相手先は古代語ではヨリ格、現代語ではカラ格などであらわされる。
*5　古代語では複合動詞は「とりつけ」や「とりはずし」のむすびつきにおいて顕著にみとめられる。
*6　第5章の表には便宜上、客体変化の連語に対応させて主体変化の連語の主語の用例数を示しているが、これは正確には「生理的な動き」のくみあわせにおける主語の用例数をあらわしたものである。「主体動作主体変化動詞と主語名詞」については第3章第3節でとりあげている。
*7　本来、連語は単語と単語の自由なむすびつきがなりたつ場合につくられるものであるため、分析対象から外すこともできるが、主体表現と客体表現の連語の対応を考える必要から、本書ではこのような表現もとりあげている。
*8　この問題は後述する主語標示における「特定性」と関わる。ヲ格はハダカ格に比べて特定性の高い人名詞を対象語として標示する傾向がある。
*9　このむすびつきでは人の空間的な移動をあらわす表現形式を借りて社会的な状態変化をあらわしているものと考えられる。
*10　（　）内は筆者加筆。
*11　「心　得」が多数みとめられるが、慣用表現として見なし、分析からは外している。
*12　分類表（p.11〜13）における「B-3　ふれあい」の構成要素となる動詞である。主体／客体関係とは直接関わらないため、詳細はとりあげていない。
*13　また、語形に表現化されてはいないものの「<u>後涼殿にもとよりさぶらひたまふ更衣の曹司を</u>、ほかに移させたまひて（解釈：もともとそこにいらっしゃった更衣のお部屋だというのに、その方のお部屋を他にお移しになられて）」などのように文脈的意味のうえで対象が作用を受けることに抵抗のある存在で

あることが読みとれる場合もある。この問題については拙稿（2005）「古代日本語のヲ格があらわす対格表示の機能について」『国文学　解釈と鑑賞』70-7（p.189）でとりあげている。

第5章
主体表現と客体表現の対応をめぐって

　これまで、広義の「変化」に関わる表現において主語、対象語となるそれぞれの名詞の形態について、動詞の文法的タイプにそって対照的にとりあげてきた。この章では3章、4章でとりあげた主体変化と客体変化の連語の対応関係を統語構造上の主体／客体関係と照らし合わせて検討をおこなう。実際につくられる主体変化、客体変化の連語は必ずしも統語構造上の対応関係の枠組みに沿ったものになるとは限らない可能性があり、その場合の両者の差異がどのような点にあるのかを明らかにする必要がある。さらに古代日本語において主体変化の連語と客体変化の連語がどのような法則をもってつくられるのかについても検討したい。

1. 主体変化動詞の主語と主体動作客体変化動詞の対象語

1.1　変化

　はじめに、主体表現と客体表現の対応関係がもっとも現れやすいと考えられる「変化」のむすびつきについてとりあげる。ここでとりあげる主体変化および客体変化の連語を分類表に沿って示すと以下のようになる。

　　「変化」のむすびつき一覧
　　A-1〈客体変化〉　　　F-1〈主体変化〉
　　　A-1-1 物の変化　　　F-1-1 物の変化
　　　　もようがえ　　　　もようがえ
　　　　とりつけ　　　　　とりつけ
　　　　とりはずし　　　　とりはずし

　　　A-1-2 人の変化　　　F-1-2 人の変化
　　　　生理的状態変化　　生理的状態変化

91

　　　　空間的状態変化　　　空間的状態変化
　　　　心理的状態変化　　　心理的状態変化
　　　　社会的状態変化　　　社会的状態変化

　　A–1–3 事の変化　　　F–1–3 事の変化
　　　　事の変化　　　　　　事の変化

1.1.1　物の変化

1.1.1.1　「もようがえ」における主体と客体

　ここではまず、主体変化の連語における主体と客体変化の連語における客体について分類の整理をおこない、その上で変化の主体と客体の関係性について対照的に検討する。下位分類が多くなるため、あらかじめその分類概要と代表例とを示しておく。

---

①［もようがえ］〈客体変化〉*1
　①–1 物のもようがえ「戸　あく」「御簾　捲き上ぐ」など
　①–2 自然物のもようがえ「花　折る」など
　①–3 現象（物）のもようがえ（用例なし）
②｛もようがえ｝〈主体変化〉
　②–1 物のもようがえ「三の口　あく」「屋　倒る」など
　②–2 自然物のもようがえ「紅梅　色づく」「下草　枯る」など
　③–3 現象（物）のもようがえ「月　澄む」「日　さし上がる」など

　表1（p.113）からもわかるように、「もようがえ」のむすびつきは客体変化の連語に分布の偏りがみとめられる（主体85：客体170）。さらに、客体変化の連語では「物のもようがえ」に用例が集中し、自然物や現象（物）などの自発的な変化主体として表現されやすい性質をもった名詞を対象語とするむすびつきはつくられにくいことがわかる*2。

　主体変化の「もようがえ」のむすびつきは全体的につくられにくく、用例分布は客体変化の連語の半数程度にとどまる。下位区分に

おいては物名詞よりも自然物名詞や現象（物）名詞を主語とするむすびつきが多くつくられる。

なお、ハダカ格と有助辞格の分布の様相から、物名詞の対象語標示にはハダカ格がヲ格の2倍程度みとめられるが、自然物名詞の対象語標示には大半がヲ格で現れる。ヲ格は作用対象として表現されにくい名詞の対象語標示として用いられる傾向がある。

また、物名詞、自然物名詞の主語標示にはハダカ格とノ格が同程度に用いられ、現象名詞は大半がハダカ格で主語標示されるというように、主語標示の場合にも名詞の語彙的意味に応じて語形態に差異がみとめられる。

このように、主体変化、客体変化いずれの場合においても名詞の語彙的意味と語形態との間に相関性がみとめられる*3。

1.1.1.2 「とりつけ」における主体と客体

①［とりつけ］〈客体変化〉
　①-1 物のとりつけ「車　引き入る」「筆　うち置く」など
　①-2 自然物のとりつけ「菖蒲　植う」「木草　まず」など
　①-3 現象（物）のとりつけ「露　かはす」「涙　そそぐ」など
　①-4 動物のとりつけ「駒　並む」「鳥　ひきつく」など
②｛とりつけ｝〈主体変化〉
　②-1 物のとりつけ「絵　入る」「紙　落つ」など
　②-2 自然物のとりつけ「葛の　這ひかかる」など（ハダカ格の用例なし）
　②-3 現象（物）のとりつけ「しほじ　まざる」「雨の脚　落つ」など
　②-4 動物のとりつけ（用例なし）

表2（p.113）からもわかるように、「とりつけ」のむすびつきにおいても客体変化の連語が多くつくられるのに対して主体変化の連語は少ないといった分布上の偏りがみとめられる（主体12：客体198）。特に「物のとりつけ」のむすびつきにおいては用例分布において客体変化のむすびつきへの著しい偏りがみとめられる。

主体変化の連語は「とりつけ」のむすびつきをとおしてわずかしかつくられず、「もようがえ」のむすびつきにおいては主体変化の連語に多くみとめられる自然物名詞や現象（物）名詞も「とりつけ」のむすびつきにおいてはほとんど用いられない。客体変化の連語の構成要素としてみとめられる動物名詞は主体変化の連語の構成要素となることはなく、主体変化、客体変化の連語の間に不対応がみとめられる。

　自然物名詞や現象（物）名詞、動物名詞などが対象語となる場合、臨時的に物名詞に準じて表現されているものと考えられるが、客体変化の「とりつけ」のむすびつきではこれらの名詞がヲ格によって対象語標示される傾向がある。ヲ格はこのように作用対象として表現されにくい名詞の対象語標示として用いられる傾向がある。

1.1.1.3 「とりはずし」における主体と客体

> ① ［とりはずし］〈客体変化〉
> 　①-1 物のとりはずし「衣　おしやる」「太刀　抜く」など
> 　①-2 自然物のとりはずし「蓬　払ふ」など
> 　①-3 現象（物）のとりはずし「汗　拭ふ」「涙　拭ふ」など
> ② ｛とりはずし｝〈主体変化〉
> 　②-1 物のとりはずし（用例なし）
> 　②-2 自然物のとりはずし（用例なし）
> 　②-3 現象（物）のとりはずし（用例なし）

　「とりはずし」のむすびつきは主体変化、客体変化の双方において連語がつくられにくいが、主体変化の連語はつくられることがなく、客体変化の連語のみがつくられるというように、用例分布において不対応がみとめられる。

　連語を構成する動詞や名詞の語彙的意味は対象語標示の形態間で共通性が高く、用例数もほぼ同程度である。現象（物）名詞が対象語標示される場合にはヲ格がやや多く用いられており、作用対象として表現されにくい名詞が対象語標示される場合の傾向がみとめられる。

1.1.1.4 「物の変化」のむすびつきをとおして

　表1〜3（p.113）より、「物の変化」のむすびつきの場合、「もようがえ」「とりつけ」「とりはずし」の各むすびつきをとおして主体変化の連語として実現されることは少なく、客体変化の連語として実現される傾向がみてとれる。なかでも「とりはずし」のむすびつきにおいては主体変化の連語はつくられることがなく、用例分布のうえで客体変化の連語に著しく偏っているといえる。

　以下、「物の変化」のむすびつき全体における主語標示、対象語標示のあらわれについてみていく。まず、主体変化の連語では物名詞の主語標示としてハダカ格が14例、ノ格が19例みとめられるのに対し、自然物名詞および現象（物）名詞の主語標示にはハダカ格が39例、ノ格が25例みとめられ、主体変化の連語では自然物名詞や現象（物）名詞が主語になりやすく、その場合の主語標示にはハダカ格が用いられやすいことが確認できる。また、主語になりにくい物名詞の主語標示にはノ格がハダカ格を上回って用いられる。このように名詞の語彙的意味によって主語標示の形態に差異がみとめられる。

　次に、客体変化の連語では物名詞が対象語の大半を占めており、その場合の対象語標示にはハダカ格が高い割合で用いられていることが確認できる（物名詞：ハダカ格218例、ヲ格121例）。これに対し、対象語になりにくい自然物名詞、現象（物）名詞、動物名詞の対象語標示にはヲ格がハダカ格の2倍程度も用いられる（ハダカ格22例、ヲ格43例）というように、客体変化の連語においても名詞の語彙的意味に応じて対象語標示の形態に差異がみとめられる。

主体変化　　　　　　　　　　　　客体変化

```
┌─────────────────────────────────────┐
│  自発的な運動主体となる名詞              │
│                                      │
│                                      │
│              自発的な運動主体とならない名詞│
└─────────────────────────────────────┘
```

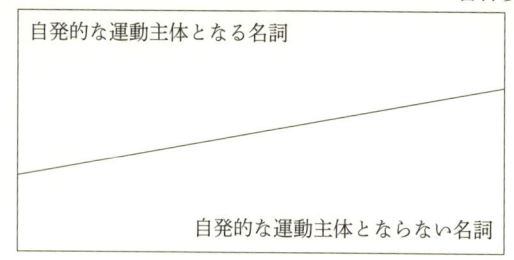

　「物の変化」のむすびつきにおける主体変化、客体変化の連語の構成要素となる主語名詞、対象語名詞のあらわれについてまとめると、上記の図のようにしめすことができる。主体変化の連語においては自発的な運動主体として表現される傾向のある名詞群が主語となり、客体変化の連語においてはそのような運動主体として表現されにくい物名詞が対象語となるという傾向が見出される。このように、古代語の主体表現と客体表現の対応関係は連語の構成要素となる名詞の語彙的意味と密接なかかわりをもっていることがうかがえる。

　生成文法における近年の成果である「項構造」の議論では、自動詞の「主語」が統語構造上、他動詞の「目的語」相当として規定されるという仮説がたてられている*4。この議論は統語構造上、等価な句を「内項」、これとは異なる句を「外項」として項の異なりから二種の自動詞*5 を認め、動詞と名詞のむすびつきの緊密性による違いを指摘している。この考えかたに即してみるならば、統語構造における典型的な主体／客体関係とは、客体表現においては「玩具を　こわす」のように物的対象に変化をおよぼすような直接的、具体的な作用をあらわし、主体表現においては「玩具が　こわれる」のように他の能動的主体による直接的、具体的作用の結果として主体に変化が生じることをあらわすもので、いずれも物の変化に関わる表現である。

　しかし、古代日本語の「物の変化」をあらわす主体変化と客体変化の連語についてはこれまでみてきたように、自発的な運動主体として表現される傾向があるか否かといった連語の構成要素となる名

詞の語彙的意味に応じて用例分布のあり方に差異がみとめられる。さらには名詞句の主語標示、対象語標示の形態の現れにおいても、そのような語彙的意味に応じた差異がみとめられる。

　主語名詞と対象語名詞の用例分布の状況から、客体変化の連語では自発的な運動主体としては表現されにくい物名詞を作用対象とする表現が多いことは上述したとおりである。対象語になることの少ない自然物名詞や現象（物）名詞が対象語になる場合、自発的な運動主体としての性質は失われ、物名詞さながら作用対象として表現されるものと考えられるが、この場合、対象語標示にはヲ格が用いられる傾向がある。これまで見てきたように、ヲ格は作用対象として表現されにくい名詞を対象語標示する場合に用いられる傾向があり、これはヲ格の文法機能の一つと考えられる。反対に、物名詞が主語になる場合には、自然物や現象（物）さながら自発的な運動主体として表現されるものと考えられるが、この場合、主語標示にはノ格が用いられる傾向がみとめられる。「物の変化」のむすびつきをとおして、主体変化の連語における物名詞の主語、客体変化の連語における自然物名詞および現象（物）名詞、動物名詞などの対象語は少ない。こういった表現は主体表現、客体表現それぞれにおいてより周辺的な用法と考えられるが、このような場合の主語、対象語標示に有助辞格が用いられていることになる。このような主体変化と客体変化の連語における対応のありかたは他動詞と作用対象の関係が自動詞と変化主体の関係に反映されるような統語構造上の対応関係とは異なっているといえる。

　実は上記のような主体表現、客体表現の一般性の問題と名詞の語形態との関わりは「物の変化」のむすびつきにおいてのみみとめられる現象ではない。この問題についてはこの後、他のむすびつきのなかで検討したうえで改めてとりあげることとする。

1.1.2　人の変化
　ここでは「人の変化」のむすびつきについて主体変化と客体変化の連語を対照していく。下位分類が多くなるため、先にその分類の概要と連語の代表例をしめす。

> ① ［生理的状態変化］〈客体変化〉
>   ①–1 人の生理的状態変化
>   ①–1–1 生理的変化「人　しづむ」「御使　酔はす」など
>   ①–1–2 位置的変化「姫君　起こす」など
>   ①–2 身体部位における生理的状態変化
>   ①–2–1 生理的変化
>   ①–2–1–1 現実の出来事をあらわすもの「腰　のぶ」「頬　ゆがむ」など
>   ①–2–1–2 比喩的なもの「胸　つぶす」「目　とどむ」など
>   ①–2–2 位置的変化「頭　もたぐ」など
> ② ｛生理的状態変化｝〈主体変化〉
>   ②–1 人の生理的状態変化
>   ②–1–1 生理的変化「人　しづまる」「尼上　よわる」など
>   ②–1–2 位置的変化（＝生理的な動き）「御達　寝ぬ」*6)
>   ②–2 身体部位における生理的状態変化
>   ②–2–1 生理的変化
>   ②–2–1–1 現実のデキゴトを表わすもの「顔　赤む」など
>   ②–2–1–2 比喩的なもの「胸　あく」「目　うつる」など
>   ②–2–2 位置的変化（用例なし）

1.1.2.1 「生理的状態変化」における主体と客体

　主体変化と客体変化の連語の対応を検討していく前に、主体変化の「人の生理的状態変化」における「位置変化」のむすびつき（②–1–2）について言及しておく必要がある。「位置変化」のむすびつきの例としては「御達　寝ぬ」などが挙げられ、「姫君　起こす」といった客体変化の連語との対応関係が考えられる。しかし、主体変化の「位置変化」のむすびつきを構成する動詞は自発的な動作主体による動作とその結果生じる変化をあらわしており、正確には主体動作主体変化動詞にあたる。この点においてすでに主体変化と客体変化の連語の不対応がみとめられるのであるが、ここでは主体変化動詞と主語名詞とからなるむすびつきとみなしてとりあげること

とする。

　「生理的状態変化」のむすびつき全体では主体変化にやや偏るかたちで主体、客体双方に用例分布がみとめられる。

　以下、表4（p.114）に依拠しながら主語標示と対象語標示の形態のあらわれについて述べる。主体変化の連語の場合、人名詞はハダカ格が26例、ノ格が12例と、ハダカ格が多くみとめられる。身体部位をあらわす名詞はハダカ格が96例、ノ格が7例みとめられ、ハダカ格への用例の偏りが大きい。このむすびつきでは人名詞よりも身体部位をあらわす名詞を主語とする割合の方が高く、その場合の主語標示の形態は人名詞を主語とする場合よりもハダカ格を用いる割合が高い。人名詞を主語とする用例は少なく、その場合の主語標示には身体部位をあらわす名詞の場合よりもノ格を用いる割合が高くなっている。

　同様に表4から、客体変化の連語においても人名詞を対象語とすることは少なく、大半が身体部位をあらわす名詞であることがわかる。また、その場合の対象語標示の形態は、ハダカ格が大半を占めている。一方、人名詞の標示にはヲ格がハダカ格を上回って用いられており、作用対象として表現されにくい名詞の対象語標示にヲ格が用いられる傾向がみとめられる。

　以上のように「生理的状態変化」のむすびつきでは主体変化の連語においても客体変化の連語においても全般的に人名詞は連語の構成要素となりにくく、この傾向は客体変化の連語において一層顕著にみとめられる。

　人名詞を構成要素とする主体変化、客体変化の連語について双方の動詞を対照すると、「しづまる」—「しづむ」、「〜なる」—「〜なす」という直接の対応もみとめられるが、主体変化の連語においては「なくなる」「くづる」「かくる」などの死に関する表現や「おとなぶ」など成長に関わる表現などが特徴的に用いられ、これらの動詞と対応するような動詞は客体変化の連語においてはみとめられない。客体変化の連語では人名詞を対象語とするむすびつき自体がつくられにくく、主体変化の連語を構成する動詞と対応するものも少ない。これは人間の生理的状態変化を客体変化の連語として表現す

ることを忌避する心理的作用がはたらいているためと考えられる。以上のように、人名詞を構成要素とする場合には名詞、動詞の語彙的意味に応じて主体変化と客体変化の連語の不対応がみとめられる。

　一方、身体部位をあらわす名詞が構成要素となる場合には主体変化の連語、客体変化の連語ともに多く実現され、名詞の標示形態は主語の場合も対象語の場合もハダカ格で現れやすく、動詞における自他対応も比較的多くみとめられるなど、主体変化と客体変化の連語の対応がみとめられる傾向がある。身体部位をあらわす名詞が構成要素となる場合、比喩的表現が多くつくられる点においても両者に共通性がみとめられる。ただし、この場合、詳細には両者の間に以下のような差異がみいだせる。主体変化の連語は「胸　あく」「胸　塞がる」「腹　立ちて」「目　移りて」「目　とまりたまふ」など、表現の多様性がみとめられ、むすびつきも多くつくられるのに対し、客体変化の連語は「目　とどむ」「耳　とどむ」などの類型表現が多くつくられ、表現の多様性に欠ける。用例も主体変化の連語の半数程度にとどまっている。

　以上のように、「生理的状態変化」のむすびつきにおいては身体部位をあらわす名詞が構成要素となる場合に主体変化と客体変化の連語の対応が比較的みとめられるが、語彙的意味の側面や連語のつくられかたの詳細においては両者の間には差異がみとめられる。

1.1.2.2 「空間的状態変化」における主体と客体

① ［空間的位置変化］〈客体変化〉
　①-1 人の空間的位置変化「童べ　おろす」「人　すゑて」など
　①-2 身体部位における空間的位置変化「面　おく」「顔　ひき隠す」など
② ｛空間的位置変化｝〈主体変化〉
　②-1 人の空間的位置変化（＝とりつき）「大将殿　籠る」「大臣　とどまる」など*7)
　②-2 身体部位における空間的位置変化（用例なし）

　主体変化と客体変化の連語の対応を検討する前に、主体変化の

「人の空間的位置変化」(②-1)のむすびつきについて言及しておく必要がある。このむすびつきの例としては「大臣　とどまる」「大将殿　籠る」などが挙げられ、「童べ　おろす」「人　すゑて」などの客体変化の連語との対応関係が考えられる。しかし、主体変化の「人の空間的位置変化」のむすびつきを構成する動詞は自発的な動作主体による動作とその結果として生じる位置変化をあらわしており、正確には主体動作主体変化動詞にあたる。この点においてすでに主体変化と客体変化の連語の不対応がみとめられるのであるが、ここでは主体変化動詞と主語名詞とからなるむすびつきとみなしてとりあげることとする。

　以下、表5（p.114）に依拠しながら主語標示と対象語標示の形態のあらわれについて述べる。「空間的状態変化」のむすびつきは主体変化の連語が59例、客体変化の連語が65例みとめられ、ほぼ同程度に分布しているといえる。主体変化のむすびつきでは身体部位をあらわす名詞を主語とするむすびつきはつくられず、人名詞を主語とするむすびつきだけがつくられる。その場合の主語標示にはハダカ格38例、ノ格20例、ガ格1例がみとめられ、ノ格の用いられる割合が比較的高い。後に詳しくとりあげることになるが、ノ格は自発的な動作主体を主語標示する際に用いられる傾向がある。また、ガ格は意志＝能動的主体の代表である人名詞の主語標示に用いられる傾向がある。

　客体変化のむすびつきでは身体部位をあらわす名詞が14例、人名詞が51例みとめられ、客体変化の連語における対象語の大半を人名詞が占めている。人名詞の対象語標示にはハダカ格が21例、ヲ格が30例みとめられ、ヲ格が多く用いられている。人名詞は能動的主体として表現されることが多く、客体変化の連語の対象語にはなりにくいものと考えられる。「人々　御前にさぶらはせたまひて」「むすめ　すませたる」といった例のように、人名詞が客体変化の連語のなかで作用対象として表現される場合、使役の接尾辞をともなう動詞が多く用いられる[*8]。人名詞の対象語標示の半数以上がヲ格によって標示されていることからも、作用対象として表現されにくい名詞がヲ格によって対象語標示されることがうかがえる。

1.1.2.3 「心理的状態変化」における主体と客体

> ① ［心理的状態変化］〈客体変化〉「大臣　おびやかす」など
> ② ｛心理的状態変化｝〈主体変化〉「世の人　おどろく」など

「心理的状態変化」のむすびつきでは主体変化の連語においても客体変化の連語においても人名詞がその構成要素となることは少なく、人の心理的な側面をあらわす名詞が構成要素となることが多い。しかし、心理的側面をあらわす名詞はその語彙的意味の抽象性から事柄名詞として捉えることが可能であり、本書では心理的側面をあらわす名詞がつくる連語は「事の変化」のむすびつきの中でとりあげている。

人名詞は主体変化の連語に6例、客体変化の連語に2例みとめられ、主体変化の連語に分布の偏りがみとめられる。また、客体変化の連語においては「なにがしの大臣　おびやかしける」「人を　まどはし」のように使役の接尾辞をともなう動詞が用いられており、主体変化の連語との対応は二次的なものといえる。これまでにものべてきたように人名詞は作用対象としては表現されにくく、自発的な運動主体として表現される傾向が高いことがここでも確認できる。

1.1.2.4 「社会的状態変化」における主体と客体

> ① ［社会的状態変化］〈客体変化〉「あが姫君　大弐の北の方ならずは当国の受領の北の方になしたてまつらむ」「身　固む」など
> ② ｛社会的状態変化｝〈主体変化〉「内大臣　あがりたまひて」など

「社会的な状態変化」のむすびつきにおいても人名詞が連語の構成要素となる場合と人の属性ををあらわす名詞（「身」）が構成要素となる場合とに分けて考えることができるが、後者はその語彙的意味の抽象性から事柄名詞として捉えることが可能であり、本書では「事の変化」の中でとりあげている。したがって、ここでも人名詞が主語、対象語となる場合のみをとりあげる。

主体変化の連語が 28 例、客体変化の連語が 20 例みとめられ、対立の様相をみせる。それぞれの標示形態は主語標示の場合はハダカ格が 22 例、ノ格が 6 例みとめられ、人名詞の主語標示としてはノ格の出現率が低い。対象語標示の場合はハダカ格が 4 例、ヲ格が 16 例となっており、ヲ格の出現率が非常に高くなっている。
　このむすびつきにおいても人名詞を作用対象とするために使役の接尾辞をともなう動詞が多く用いられており、主体変化と客体変化の連語の対応は二次的なものといえる。

1.1.2.5 「人の変化」のむすびつきをとおして

　「人の変化」のむすびつきはいずれもその構成要素が人名詞であるのか人の身体部位または属性などの側面であるのかによって下位区分をほどこすことができる。「人の変化」のむすびつき全般において人名詞が連語の構成要素となることは少なく、身体部位をあらわす名詞が用いられることが多いが、身体部位をあらわす名詞のうち、その語彙的意味が抽象化し、事柄化したものは「事の変化」のむすびつきのなかでとりあげることができる。
　下位区分ごとにみていくと、「生理的状態変化」のむすびつきの場合には身体部位をあらわす名詞のつくるむすびつきにおいて主体変化と客体変化の連語の間に対応関係が多くみとめられ、自他対応する動詞（「おどろく―おどろかす」「つぶる―つぶす」「とどまる―とどむ」「馴る―馴らす」など）も比較的多くみとめられる。身体部位をあらわす名詞が構成要素となる場合、連語全体のあらわす意味がより抽象化し、比喩的な表現がつくられるが、この場合は特に主体変化と客体変化の対応が顕著にみとめられる。
　「心理的状態変化」および「社会的状態変化」のむすびつきにおいても身体部位をあらわす名詞が多くつくられ、主体変化と客体変化の連語の対応が比較的みとめられる。しかし、名詞の語彙的意味が抽象化されて事柄化していることから、本書では「事の変化」のむすびつきのなかでとりあげている。
　このように「人の変化」のむすびつきは構成要素となる名詞が人名詞であるか、その側面をあらわす名詞であるかによって性質が異

なる。主体変化と客体変化の連語の間に対応関係が比較的みとめられるのは人の側面をあらわす名詞を構成要素とする場合であり、人名詞を構成要素とする場合にはそのような対応はみとめにくい。

　人名詞は典型的な能動的主体として捉えられるため、主体変化の連語のなかでは自発的な運動主体として表現される傾向が高く、客体変化の連語の構造にはとりこまれにくい。このような名詞を作用対象として表現する場合には使役の接尾辞をともなう動詞が用いられたり、対象語標示にヲ格が多く用いられたりするなど、形態上の特徴が付与される傾向がある。このような形態的特徴を付与されて成り立つ主体変化、客体変化の対応は二次的なものといえる。

1.1.3　事の変化

「事の変化」における主体と客体

①［事の変化］〈客体変化〉
　①-1 事柄「遺言　あやまつ」「しつらひ　まばゆくす」など
　①-2 属性「氏　あらたむ」「さま　かふ」など
　①-3 心理「心　あらたむ」「御心地　かきくらす」など
　①-4 現象「涙　とどむ」
②｛事の変化｝〈主体変化〉
　②-1 事柄「物忌　あく」「世の中　改まる」など
　②-2 属性「頰つき　赤む」「位　改まる」など
　②-3 心理「思ひ　あまる」「心　うつろふ」など
　②-4 現象「香　失す」「空の色　変る」など

　「事の変化」のむすびつきは主体変化の連語が433例、客体変化の連語が338例みとめられ、主体表現、客体表現の双方に多くのむすびつきがつくられる。それぞれの連語において用いられる名詞の語彙的意味の共通性が比較的高く、また、自他対応する動詞も比較的多くみとめられるなど、これまでみてきた他のむすびつきと比べて主体変化と客体変化の連語の対応関係がみとめられる。ただし、下位分類のむすびつきを個別にみていくと、「事柄」および「現象」のむすびつきは主体変化の連語に偏ってつくられ、「属性」および

「心理」のむすびつきは大きな偏りがなく、主体変化、客体変化双方に分布がみとめられるなど、事名詞の語彙的意味に応じて用例分布の様相を異にしている。

「心理」のむすびつきは下位分類のなかでは特に主体変化、客体変化の連語双方に多くの用例分布がみとめられ、双方に共通して用いられる名詞も多くみられるなど、高い対応関係がみとめられる。他の下位分類のむすびつきに比べて自他対応する動詞も多くみとめられる。しかし、主体変化、客体変化の連語双方に共通して用いられる名詞も客体変化の連語の構成要素として用いられるとヲ格によって対象語標示されやすく、作用対象として表現され難い名詞としての特徴をみせる。

「事の変化」のむすびつきでは全般的に主体変化の連語の主語標示にはハダカ格が多く用いられ、ノ格は用いられにくいことから、自発的な変化主体が主語標示される場合の特徴を具えているといえる。客体変化の連語の対象語標示には他のむすびつきに比べてヲ格が高い割合で用いられており、作用対象として表現されにくい名詞が対象語標示される場合の特徴をみせる。

1.2　出現

ここでは分類表の A 主体動作客体変化動詞がつくる客体変化の連語のなかの A–2「出現」のむすびつきと、F 主体変化動詞がつくる主体変化の連語のなかの F–2「出現」のむすびつきとをとりあげ、主体変化と客体変化の連語の対応の様相と構造上の主体／客体関係とを対照する。

ここでとりあげる主体変化および客体変化の連語を分類表にそってとりあげると以下のようになる。

「出現」のむすびつき一覧

A–2　客体変化　　　　F–2　主体変化
　A–2–1 物の出現　　　F–2–1 物の出現
　A–2–2 人の出現　　　F–2–2 人の出現
　A–2–3 事の出現　　　F–2–3 事の出現

A-2-4 現象の出現　　F-2-4 現象の出現

1.2.1 「物の出現」における主体と客体

> ① ［物の出現］〈客体変化〉…「堂　建つ」「舟　造る」など
> ② ｛物の出現｝〈主体変化〉…「須磨の巻　出で来」「末摘花　さし出づ」など

「物の出現」のむすびつきは客体変化の連語が76例（ハダカ格49例、ヲ格27例）みとめられるのに対し、主体変化の連語は2例（ハダカ格2例、ノ格0例）しかみとめられず、客体変化の連語に偏って実現されることがわかる。主体変化と客体変化の連語は用例分布の様相において不対応がみとめられる。

客体変化の連語の場合、建築物や庭などをあらわす、物名詞の中では作用対象となりにくい空間性を具えた名詞を客体とすることが多く、これらの名詞の対象語標示にはヲ格が比較的多く用いられる。主体変化の連語は上記の「須磨の巻　出で来」「末摘花　さし出づ」のみであり、主語標示の形態は双方ともにハダカ格の形をとっている。

1.2.2 「人の出現」における主体と客体

> ① ［人の出現］〈客体変化〉…「子　産む」
> ② ｛人の出現｝〈主体変化〉…「人　生ひ出づ」「皇子　生まる」など

「人の出現」のむすびつきは主体変化の連語に12例（ハダカ格7例、ノ格5例）みとめられ、客体変化の連語に1例（ハダカ格1例、ヲ格0例）みとめられ、主体変化の連語への偏りがみとめられる。客体変化の連語は「子　産む」のみであり、この種のむすびつきのあらわす作用対象として人名詞は表現されにくいことがうかがえる。ただし、主体変化の連語も多くつくられることはなく、動詞の語彙的意味は類似性が高いなど、表現の多様性にも欠ける。

主語標示の形態は比較的ノ格の用いられる割合が高く、人名詞が

主語標示される場合の傾向がみとめられる。

1.2.3 「事の出現」における主体と客体

① ［事の出現］〈客体変化〉…「しるし　あらはす」「願　たつ」など
② ｛事の出現｝〈主体変化〉…「才のほど　あらはる」「あだ名　たつ」など

　「事の出現」のむすびつきでは主体変化の連語に 97 例、客体変化の連語に 157 例みとめられ、用例数のうえでは客体変化の連語に偏りをもちながら両者が張り合うようにむすびつきをつくっていることがうかがえる。「物の出現」「人の出現」などの他の「出現」のむすびつきに比べて自他対応する動詞が多数みとめられ、主体変化と客体変化の連語の対応は比較的みとめられるといえる。
　ただし、主語標示の形態は大半がハダカ格であり、対象語標示にはヲ格が高い割合で現れるというように、事名詞は作用対象として表現されにくい名詞の特徴をみせる。事名詞は自然物名詞や現象（物）名詞と同様に自発的な変化主体として表現される傾向をみせる。
　「変化」のむすびつきでは「事の変化」のむすびつきにおいて主体変化と客体変化の連語の対応関係がもっともよくつくられたのと同様に、「出現」のむすびつきにおいても「事の出現」のむすびつきにおいて対応関係が高い割合でみとめられる。

1.2.4 「現象の出現」における主体と客体

① ［現象の出現］〈客体変化〉…「涙　落す」「そらだきもの　匂はす」など
② ｛現象の出現｝〈主体変化〉…「雨　降る」「霜　むすぶ」など

　「現象の出現」のむすびつきは主体変化の連語が 144 例（ハダカ格 113 例、ノ格 31 例）、客体変化の連語が 27 例（ハダカ格 15 例、ヲ格 12 例）つくられ、主体変化の連語に分布の偏りがみとめられる。

主語になる場合はハダカ格で多く標示され、対象語になる場合には比較的ヲ格標示される割合が高い。現象名詞は主体変化の連語においては自発的な運動主体として表現される傾向があり、客体変化の連語においては物的名詞に準じた対象語として表現されているが、作用対象として表現されにくい名詞であることがうかがえる。

　現象名詞についてさらに詳細に検討すると、対象語となる現象名詞は人間の身体に関わるもの（「涙」「汗」など）、人の行為にかかわるもの（「追ひ風」「薫物」など）に限られるのに対し、主語となる現象名詞は対象語になる現象名詞も含まれるが、そのほかに「月」「風」「雨」「雪」といった自然現象が大半を占めており、両者の間には差異がみとめられる。このむすびつきにおいても主体変化と客体変化の連語の関係は統語構造上の主体／客体関係とは異なる点が多くみとめられる。

1.2.5 「出現」のむすびつきをとおして

　「出現」のむすびつきにおいても「変化」のむすびつきと同様に「物の出現」のむすびつきは客体変化の連語として、「人の出現」のむすびつきは主体変化の連語として実現される傾向が高いという様に、その連語を構成する名詞の語彙的意味に応じて主体変化、客体変化どちらの連語で実現されるかが左右される。

　「事の出現」は他の名詞類とは異なる点がいくつか指摘できる。第一に、主体変化の連語と客体変化の連語がそれぞれに相当数みとめられ、対立の様相をなしている点、第二に、主体変化と客体変化の連語において他のむすびつきと比べて動詞の自他対応が比較的みとめられる点などである。これらの事象から、「事の出現」のむすびつきは他の下位分類のむすびつきと比べ、主体変化と客体変化の連語の対応関係は比較的高い割合でみとめられるといえる。「事の変化」のむすびつきの場合にも同様の傾向がみとめられることを考えると、このことは事名詞を構成要素とする連語に共通する特徴であるといえるであろう。事名詞を構成要素とする連語においてこのように主体変化の連語と客体変化の連語が比較的対等につくられるのは、名詞の語彙的意味の抽象性によるものと考えられる。

しかし、事名詞を構成要素とする場合であっても、主語になる場合にはハダカ格によって標示されやすく、対象語になる場合にはヲ格によって標示されやすいといった特徴がみとめられ、自発的な変化主体として表現される名詞の特徴がみとめられる。さらに、事名詞のなかで単語により主語、対象語のどちらか一方で現れやすいというような傾向差がみとめられることもあり、個別の単語の語彙的意味や語形態について詳細に検討すると、主体変化と客体変化の連語の関係は統語構造上の主体／客体関係とは異なる点がさまざまに見出される。

2. 主体動作主体変化動詞の主語と主体動作客体変化動詞の対象語

　統語構造上の主体／客体関係は主体変化動詞の主語、主体動作客体変化動詞の対象語の間に典型的につくられるが、本節でとりあげる主体動作主体変化動詞の主語も主体動作客体変化動詞の対象語との間に表現上の対応がみとめられることがある。主体動作主体変化動詞とは具体的には分類表における E–1「移動」のむすびつき、E–2「とりつき」のむすびつき、E–3「生理的な動き」のむすびつきを構成する動詞である。主体動作主体変化動詞と主語のくみあわせにおいては動作主体でありかつ変化主体ともなる能動的主体が主語になる。この点においてすでに典型的な統語構造上の主体／客体関係とは異なっている。

　なお、表 1～10 においては便宜上、主体動作主体変化動詞と主語名詞の関係を主体変化の連語のなかに含めて示している。

　主体動作主体変化動詞と主語および主体動作客体変化動詞と対象語のくみあわせ一覧
　　・「移動」
　　A–3　客体表現　　　　E–1　主体表現
　　　A–3–1 物の移動　　　E–1–1 物の移動
　　　A–3–2 人の移動　　　E–1–2 人の移動

　　　　・「人の変化」
　　　A–1 客体表現　　　　　　　　E–2,E–3 主体表現
　　　　A–1–2　人の変化　　　　　E–2　とりつき＊9
　　　　　　　人の空間的位置変化　E–3　生理的な動き＊10
　　　　　　　位置変化

2.1 「物の移動」における主体と客体

> ①　［物の移動］〈客体表現〉…「笛　取り出でて」「車　寄す」など
> ②　　物の移動　〈主体表現〉…「舟　かへる」「車　集ふ」など＊11

　はじめに、ここでとりあげる主体表現の「物の移動」は正確には主体動作主体変化動詞と主語名詞のくみあわせであり、客体表現の「物の移動」は客体変化の連語をつくる。この点において主体表現と客体表現とは不対応といえる。

　「物の移動」では主体表現に10例（ハダカ格7例、ノ格3例）、客体表現に84例（ハダカ格64例、ヲ格20例）みとめられ、客体表現に偏りがみとめられる。これは物名詞が構成要素となる場合に共通する傾向といえる。

　構成要素となる動詞には「出づ」（自動詞）／「出づ」（他動詞）、「かへる」（自動詞）／「かへす」（他動詞）のような動詞の自他対応が若干ではあるがみとめられる。しかし、客体変化の連語では「琴」「笛」などの物名詞を作用対象とした空間的な位置変化をひき起こす運動をあらわし、主体表現では「月」「波」などの現象（物）名詞や「車」「舟」などの名詞が自身の空間的な位置変化をともなう自発的運動をあらわす。このように、主体表現と客体表現とでは名詞の語彙的意味において相違がみとめられ、それに応じてそれぞれ個別のコトガラ的意味を形成している。

2.2「人の移動」における主体と客体

　「人の移動」では人名詞を構成要素とする場合と身体部位をあら

> ①　［人の移動］〈客体表現〉

> ①-1 人の移動「預り　召す」「宿直人　奉る」など
> ①-2 身体部位の移動「顔　ひき入れつる」「顔　さし出でたり」など
> ② 人の移動〈主体表現〉
> ②-1 人の移動「人　集まる」「大臣　参る」など
> ②-2 身体部位の移動（用例なし）

わす名詞を構成要素とする場合とに区分できる。人名詞を構成要素とする場合、主体表現に129例（ハダカ格94例、ノ格34例、ガ格1例）、客体表現に104例（ハダカ格57例、ヲ格47例）みとめられ、両表現が張り合うかたちで用例分布がみとめられる。身体部位をあらわす名詞を構成要素とする場合、主体表現はつくられず客体表現も9例（ハダカ格3例、ヲ格6例）と用例分布が少ない。

　典型的な能動的主体として表現される傾向のある人名詞が主体動作主体変化動詞の主語として用いられる場合、他の主体表現と同様にノ格の出現率が高くなる。人名詞を対象語とする客体表現が主体表現と張り合うかたちでみとめられる点は注目に値するが、使役の接尾辞をともなった動詞を用いることによって作用対象として表現されにくい人名詞を対象語化することができているためと考えられる*12。また、対象語の半数以上がヲ格標示されており、これも作用対象として表現されにくい人名詞を対象語化するためにヲ格の力を借りているものと考えることができる。

　以上のように考えると、「人の移動」における主体表現と客体表現はそれぞれが個別の用法を具えているといえ、ここにおいても統語構造上の主体／客体関係にみられるような対応は見出しにくい。

2.3 「移動」の主体表現、客体表現をとおして

　「移動」に関わる表現はこれまでにも述べてきたように客体表現においては客体変化の連語がつくられるが、主体表現は正確には主体動作主体変化動詞と主語名詞のくみあわせであり、主体名詞は変化主体であると同時に動作主体でもあり、ここにおいて一次的な連語同士の対応関係はみとめられない。ただし、変化をあらわしてい

る点において対応関係がみとめられる側面があることから、本書では「変化」を広くとらえ、対応の仕方を検討している。

　「移動」の主体表現、客体表現をとおして、物名詞が構成要素となる場合は客体表現として、人名詞が構成要素となる場合には主体表現として表現されるというように、構成要素となる名詞の語彙的意味に応じて主体表現／客体表現の方向づけがなされていることが確かめられた。

　「移動」に関わる表現では主体表現と客体表現が用例数の上では比較的対等に分布するが、実際には人名詞のような作用対象になりにくい名詞が客体表現のなかで現れる場合には対象語標示にヲ格が多く用いられたり、使役の接尾辞をともなう動詞が多く用いられたりするなどの形態的特徴が付与されている。また、人名詞が自発的な運動主体として主体表現のなかで現れる場合には主語標示にノ格が多用されたり、動詞に待遇表現が用いられたりするなど、様々な文法的手続きがみとめられる。

2.4　主体表現と客体表現の対応

　本章ではこれまでの分析にもとづいて、下位分類としての「変化」「出現」「移動」の各表現を包含するような広義の「変化」に関わる主体表現と客体表現の連語の対応の様相についてとりあげてきた。

　「変化」、「出現」の各むすびつきは主体変化と客体変化の連語の対応関係が比較的みとめられるが、どちらの連語として実現されるかは主語、対象語となる名詞の語彙的意味に応じて異なり、主体変化の連語としては実現されない場合も多くみとめられる。また、客体変化の連語を構成する動詞の中には接辞の力を借りることで主体変化の連語と二次的な対応関係をつくるものもあるなど、統語構造上の対応関係とは異なる点が多数みとめられる。「移動」に関わる表現については客体表現においては連語をつくるが、主体表現においては連語をつくらず、表現上対応するのは主体動作主体変化動詞と主語名詞のくみあわせであるという点で、やはり、統語構造上の主体／客体関係とは異なっているといえる。

主体表現、客体表現はそれぞれの構成要素となる名詞や動詞の具えている語彙的意味や用法、さらにそれらがむすびつくことで独自の意味・用法を獲得しており、統語構造上の対応関係とは多くの側面で異なることが明らかとなった。

〈主体変化〉と〈客体変化〉におけるハダカ格と有助辞格の現れ

表1 「もようがえ」

	構成要素			
	主体		客体	
語彙的意味　　格	ハダカ格	ノ格	ハダカ格	ヲ格
物	11	12	105	57
自然物	19	19	1	7
現象（物）	19	5	0	0

表2 「とりつけ」

	構成要素			
	主体		客体	
語彙的意味　　格	ハダカ格	ノ格	ハダカ格	ヲ格
物	3	7	105	58
自然物	0	1	5	17
現象（物）	1	0	2	3
動物	0	0	4	4

表3 「とりはずし」

	構成要素			
	主体		客体	
語彙的意味　　格	ハダカ格	ノ格	ハダカ格	ヲ格
物	0	0	8	6
自然物	0	0	1	1
現象（物）	0	0	9	11

表4 「人の生理的状態変化」

語彙的意味＼格	構成要素 主体 ハダカ格	ノ格	客体 ハダカ格	ヲ格
生理的変化	24	11＋ガ3	2	4
位置的変化	(2)＊13	(1)	4	4
身体生理的変化	29	5	25	13
身体比喩	67	2	32	6
身体位置変化	(0)	(0)	3	1

表5 「人の空間的位置変化」

語彙的意味＼格	主体 ハダカ格	ノ格	客体 ハダカ格	ヲ格
人	(38)	(20＋ガ1)	21	30
身体	0	0	6	8

表6 「人の心理的状態変化」

語彙的意味＼格	主体 ハダカ格	ノ格	客体 ハダカ格	ヲ格
人	4	2	1	1

表7 「人の社会的状態変化」

語彙的意味＼格	主体 ハダカ格	ノ格	客体 ハダカ格	ヲ格
人	22	6	4	16

表8 「事の変化」

	構成要素			
	主体		客体	
語彙的意味＼格	ハダカ格	ノ格	ハダカ格	ヲ格
事柄	67	11	16	30
属性	82	20	25	59
心理	117	25	105	83
現象	98	13	11	9

表9 「出現」

	構成要素			
	主体		客体	
語彙的意味＼格	ハダカ格	ノ格	ハダカ格	ヲ格
物	2	0	49	27
人	7	5	1	0
事	82	15	83	74
現象	113	31	15	12

表10 「移動」

	構成要素			
	主体		客体	
語彙的意味＼格	ハダカ格	ノ格	ハダカ格	ヲ格
物	(7)	(3)	64	20
人	(94)	(34＋ガ1)	57	47
身体	(0)	(0)	3	6

3. 統語構造上の対応と連語の対応

　統語構造上の対応関係では客体変化は対象に変化をおよぼすような作用をあらわし、主体変化では他の能動的主体による作用の結果

として生じる変化をあらわすというように、主体変化と客体変化とは一つの言語事象の分化形であるような関係として捉えられる。しかし、前節でみたように、古代日本語における主体変化の連語は他の能動的主体による作用の結果としてではなく、自発的な変化主体がみずからひき起こした変化をあらわすことが多く、客体変化の連語は自発的な運動主体として表現されにくい物的対象が他の能動的主体にからうける作用をあらわすことが多いというように主体変化、客体変化それぞれに独自の用法を具えていることがわかる。

　本書における調査結果からは主体変化は運動能力を具えている名詞が自発的な運動主体としてひき起こす変化をあらわし、客体変化はそのような能力をもたない名詞が他の能動的主体の作用対象として変化を被るような運動をあらわすというように、主体表現と客体表現の関係は一つの意味格に還元できるような性質のものではないといえ、主語名詞と自動詞／対象語名詞と他動詞といった統語構造上の対応関係が常になりたつとは限らないことが確かめられた。

　さらに、上述の調査結果からは古代日本語では人の無意志的な動きをあらわす主体動作動詞の主語は行為主体の主語標示であるノ格で標示される傾向がみとめられた。統語的な主体／客体関係であれば、自動詞／他動詞または動詞のあらわす運動の意志／無意志などが関わるが、古代日本語では動詞が無意志的な動きをあらわす自動詞である場合でも人名詞の主語標示はハダカ格よりもノ格が優勢となる。このことは古代日本語の格関係が自動詞／他動詞、意志／無意志ではなく主語名詞が能動的主体であるか否かに深くかかわっていることを示唆する。

　本書においてこれまでおこなってきた「物」「自然物」「現象（物）」「動物」などの名詞の語彙的意味による下位区分は自発的な運動能力の差に応じた区分であり、これまで「自発的な運動主体となる名詞」「自発的な運動主体とならない名詞」といった観点から説明してきた。このような自発的な運動能力の差に応じた名詞の語彙的意味と関わる文法現象を言語類型（活格言語）のなかで捉える立場がある。活格構造において上記のような名詞は「活性（有生）類」と「不活性（無生）類」として区分される。そして、この区分

は名詞の語彙的な性質の違いにとどまらず、さまざまな形態的側面、統語的側面と関連するものと考えられている*14。

次節ではこのような言語類型学の視点からこれまで記述してきた古代語の言語現象を捉えなおし、整理してみたい。

4. 言語類型学的視点から*15

4.1　はじめに

本書はこれまで、変化にかかわる主体表現と客体表現における平安期の格の問題について分析を進めてきた。客体変化の連語においては物的名詞を対象とした変化の結果までを含むような運動をあらわすことが多いのに対し、主体変化の連語では現象名詞や事名詞を主体とする自発的な運動をあらわすことが多いというように、動詞とむすびつく名詞の語彙的意味に応じて連語全体のつくる意味、用法が異なることを確認した。名詞の語形態については、主体変化の連語においては自発的な運動主体として広く現れる現象名詞、事名詞などの主語標示として、客体変化の連語においては他の能動的主体の作用対象として広く現れる物名詞の対象語標示として、それぞれハダカ格が多く用いられ、主体変化、客体変化それぞれにおいて広く用いられる名詞を標示するのにハダカ格が現れる傾向があることを確認した。このように変化に関わる他動詞の対象語標示と自動詞の主語標示の代表的な形態が等しくハダカ格で現れること、また、名詞の語義的な面が格のつくられかたにかかわっているという言語事実は、言語類型学における指摘と重なる点があり*16、興味深い。

4.2　古代語におけるハダカ格

古代日本語においては、主語標示ではハダカ格とノ格が、また、対象語標示ではハダカ格とヲ格がそれぞれ機能を異にしながら競合しているといえる。高山（2004）では源氏物語（桐壺～藤裏葉）における調査*17をもとに、ハダカ格は主語標示では「心地　まどふ」「日　たくる」のような現象をあらわす名詞に用例の偏りがみられること、また、対象語標示では「御衣　奉りかふ」「灯　かか

げなどす」といった物的な変化客体をあらわす用法において顕著に用いられていることを確認した。このように、自動詞的なものの主語標示と他動詞的なものの対象語標示においてどちらも同形（ハダカ格）が優勢であるということは、古代日本語の格システムは主格／対格的なものとはいえない。

　しかし、用例は少ないものの、典型的な主体動作客体変化動詞の対象語標示においてもヲ格がみとめられ、また、典型的な主体変化動詞の主語標示においてもノ格がみとめられることを考えると、ハダカ格の用法は絶対格的なものとしてみるとややくずれたかたちとなっているといわざるをえない。

4.3　主体動作客体変化動詞と主体動作動詞[*18]の主語

　古代日本語において主体動作客体変化動詞の主語および主体動作動詞の主語の標示を担う形としてはハダカ格、ノ格、ガ格があげられる。ノ格とガ格については属格的性格が強く、用いられる構文的環境がハダカ格とは異なる（表11〜13）。ノ格とガ格の主語標示は従属節を中心に、その中でも名詞節での用法に偏りがみとめられるのに対し、ハダカ格は主節を中心としながら、従属節でも広く用いられている[*19]。

　松本泰丈（1982）では喜界島方言のガ格を「能格専用ではなく、属格（連体格）との共用」の格形式とみているが、このような観点にたって古代日本語においてはノ格がハダカ格とともに能格的な主語標示機能をになっているとみることもできる。

表11　ハダカ格主語のあらわれ

	名詞節	従属節A	従属節B	主節	総数
主体動作動詞	22	23	31	85	161
主体動作客体変化動詞	34	44	50	124	252
総数	56	67	81	209	413

表12　ノ格主語のあらわれ

	名詞節	従属節A	従属節B	主節	総数
主体動作動詞	45	59	2	13	119
主体動作客体変化動詞	104	69	27	17	217
総数	149	128	29	30	336

表13　ガ格主語のあらわれ

	名詞節	従属節A	従属節B	主節	総数
主体動作動詞	2	0	1	1	4
主体動作客体変化動詞	13	11	0	3	27
総数	15	11	1	4	31

〈用例〉

1j*20　月日経て、若宮　参りたまひぬ。（桐壺）

2j　「暮れかかりぬれど、おこらせたまはずなりぬるにこそはあめれ。はや帰らせたまひなん」とあるを、大徳、「御物の怪など加はれるさまにおはしましけるを、今宵はなほ静かに加持などまゐりて、出でさせたまへ」と申す。（若紫）

3j　心を尽くして詠み出でたまひつらむほどを思すに、いともかしこき方とは、これをも言ふべかりけりと、ほほ笑みて見たまふを、命婦　おもて赤みて見たてまつる。（末摘花）

4k　「『参りてはいとど心苦しう、心肝も尽くるやうになん』と、典侍の奏したまひしを、もの思うたまへ知らぬ心地にも、げにこそいと忍びがたうはべりけれ」とて、ややためらひて、仰せ言伝へきこゆ。（桐壺）

5k　「…童にはべりし時、女房などの読みしを聞きて、いとあはれに、悲しく、心深きことかなと、涙をさへなん落しはべりし。（帚木）

6j　そのころ、高麗人の参れるなかに、かしこき相人ありけるを聞こしめして、宮の内に召さむことは…（桐壺）

7k　「揚名介なる人の家になんはべりける。男は田舎にまかりて、妻なん若く事好みて、はらからなど宮仕人にて来通ふ、と申す。

くはしきことは、下人のえ知りはべらぬにやあらむ」と、聞こゆ。(夕顔)
8j さすがにわが見棄ててん後をさへなん、思ひやり後見たりし。(帚木)
9j なほさて待ちつけきこえさせんことのまばゆければ、小君が出でて去ぬるほどに、「いとけ近ければかたはらいたし。なやましければ、忍びてうち叩かせなどせむに、ほど離れてを」とて、渡殿に、中将といひしが局したる隠れに移ろひぬ。(帚木)
10k 「…いとよく隠したりと思ひて、小さき子どもなどのはべるが、言あやまりしつべきも、言ひ紛らはして、また人なきさまを強ひて作りはべり」など、語りて笑ふ。(夕顔)

　上記表12において主体動作客体変化動詞の主語標示としてノ格は198/217例（約91.2％）が、表13においてガ格は24/27例（約88.9％）が、それぞれ「奏す」「思ふ」「尋ぬ」といったタイプの動詞の主語標示となっている。このような動詞は対象への「かかわり」[21]をあらわしはするが対象の状態に変化を与えるには及ばない点で典型的な他動詞とは異なる[22]。ハダカ格の場合も212/252例（84.1％）がノ格・ガ格の場合と同様に「かかわり」をあらわす主体動作客体変化動詞の主語標示として用いられており、古代日本語においては主体動作客体変化動詞の主語標示は認識や態度などの主体をあらわすことが中心であったことがうかがえる。
　この場合の主語名詞の語彙的意味に目をむけると、ハダカ格、ノ格、ガ格はいずれも高い割合で人名詞をあらわしており、行為者格性の高さがうかがえる。下に示すのは主体動作客体変化動詞および主体動作動詞における主語標示の各形態における人名詞の用例数である。

表14　人名詞主語の現れ

	主体動作客体変化動詞主語	主体動作動詞主語	主体変化動詞主語
ハダカ格	240/252（95.2％）	128/161（79.5％）	35/570（6.1％）
ノ格	207/217（95.4％）	94/119（79.0％）	13/110（11.8％）
ガ格	27/27（100.0％）	3/4（75.0％）	3/3（100.0％）

4.4 主体変化動詞の主語標示

　主体変化動詞の主語標示においてもノ格による主語標示がみとめられ、名詞節だけでなく、その他の従属節にも分布をみせる。しかし、主体変化動詞の主語標示の用例全体の中でハダカ格の占める割合は高く（570/683 例、約 83.5%）、この動詞の主語標示としてはハダカ格が基本的な形といってよさそうである。

表 15

	ハダカ格	ノ格	ガ格
主体変化動詞の主語	570	110	3

　主体変化動詞の主語標示としてのハダカ格は特に「雨　ふる」「涙　おつ」などの現象をあらわすタイプの動詞に偏って現れ、主体動作客体変化動詞および主体動作動詞の主語標示とは対照的に、人名詞はあらわれにくい（ハダカ格の形をとる人名詞は570例中35例）。

　この構文において主語標示にたちやすい名詞を具体的にあげると a「夜半・日ごろ・ほど・月日」などの時間に関わるもの、b「面・目・心・疑ひ・思ひ」などの人の心身に属すもの、c「風・雨・雪・涙・光・月」などの現象、d「事・坊・官位・宿世」などの既成の人事をあらわすものなどがあげられる。これらは人為的なものからはなれて生起するものであるという点で、広義の「現象」をあらわしているとみることができる。

　主体変化動詞の主語標示としてのハダカ格は現象をあらわす名詞に特徴的なように、人為とは関わらずにみずからの運動能力において自発的に起こす変化をあらわすことを基本としている。

〈用例〉

11j 七日の日の節会　はてて、夜に入りて御前よりまかでたまひけるを、御宿直所にやがてとまりたまひぬるやうにて、夜更かしておはしたり。（末摘花）

12j 日　さし出づるほどにやすらひなして、出でたまふ。（末摘花）

13j 日の脚、ほどなくさし入りて、雪すこし降りたる光に、いとけざやかに見入れらる。（末摘花）

14j 御胸　つとふたがりて、つゆまどろまれず、明かしかねさせたまふ。(桐壷)

15k 泣く泣く、「夜　いたう更けぬれば、今宵過ぐさず、御返り奏せむ」と急ぎ参る。(桐壷)

16j 皇子　六つになりたまふ年なれば、このたびは思し知りて恋ひ泣きたまふ。(桐壷)

17k「…忍ぶれど涙　こぼれそめぬれば、をりをりごとにえ念じえず、くやしきこと多かめるに、仏もなかなか心ぎたなしと見たまひつべし。…」(帚木)

18j 来し方も過ぎたまひけんわたりなれど、ただはかなき一ふしに御心　とまりて、いかなる人の住み処ならんとは、往き来に御目　とまりたまひけり。(夕顔)

19k「…はかなき花紅葉といふも、をりふしの色あひつきなくはかばかしからぬは、露のはえなく消えぬるわざなり。さあるによりかたき世とは定めかねたるぞや」と、言ひはやしたまふ。(帚木)

20j 頭中将を見たまふにも、あいなく胸　騒ぎて、かの撫子の生ひ立つありさま聞かせまほしけれど、かごとに怖ぢてうち出でたまはず。(夕顔)

21j 東の妻戸押し開けたれば、むかひたる廊の、上もなくあばれたれば、日の脚、ほどなくさし入りて、雪すこし降りたる光に、いとけざやかに見入れらる。(末摘花)

22j 日　暮れかかるほどに、けしきばかりうちしぐれて、空のけしきさへ見知り顔なるに、さるいみじき姿に、菊の色々うつろひ、えならぬをかざして、今日はまたなき手尽くしたる、入り綾のほど、そぞろ寒く、この世の事ともおぼえず。(紅葉賀)

23k その家なりける下人の病しけるが、にはかに出であへで亡くなりにけるを、怖ぢ憚りて、日を暮らしてなむ取り出ではべりけるを、(夕顔)

24k「まろが、かくかたはになりなむ時、いかならむ」とのたまへば、(末摘花)

25j 言はむ方なきさかりの御容貌なり。いたうそびやぎたまへりし

が、すこしなりあふほどになりたまひにける御姿など、かくてこそものものしかりけれと、御指貫の裾まで、なまめかしう（松風）

4.5　主体動作客体変化動詞の対象語標示

　古代日本語の対象語標示においてはハダカ格とヲ格が対立、競合する様相をしめしている（高山 2000）。対象語標示の機能としての典型を物理的な変化を被る対象の標示と捉えると、古代日本語においてこの用法を中心的に担うのはハダカ格といえる。ヲ格は物理的変化をおこさせるような具体的な作用対象をあらわさず、奥田（1960）が「かかわり」とよぶ知覚対象や感情の対象、また、はたらきかけても対象には変化をあたえないような態度的な動作の対象といった抽象的な作用対象をあらわす場合に用法が集中している。これはヲが本来、典型的な対格標示機能を担う形態ではなかったことを思わせる。

26j　近き渡殿の戸　押し開くるより、御簾の内の追風なまめかしく吹き匂はして、物よりことに気高く思さる。（初音）
27j　戸を　やをら押し開くるに、老いたる御達の声にて、「あれは誰そ」と、おどろおどろしく問ふ。（空蝉）
28s　亡き人の住み処　尋ね出でたりけん、しるしの釵ならましかば、と思ほすも、いとかひなし。（桐壺）
29j　本意の人を　尋ね寄らむも、かばかり逃るる心あめれば、かひなう、…（空蝉）
30j　いとこまやかにありさま問はせたまふ。あはれなりつること、忍びやかに奏す。（桐壺）
31k　「…若宮は、いかに思ほし知るにか、参りたまはむことをのみなん思し急ぐめれば、ことわりに悲しう見たてまつりはべるなど、うちうちに思ひたまふるさまを　奏したまへ。…」（桐壺）

第5章　主体表現と客体表現の対応をめぐって　123

表16

	ヲ格	ハダカ格
1) ①物にたいするはたらきかけ	154	256
②人にたいするはたらきかけ	102	99
③事にたいするはたらきかけ	108	77
2) ①所有（占有）	7	3
②所有権（占有権）の移動	32	42
3) ①動作的な態度	213	86
②心理的なかかわり	1257	295

　上記表は奥田（1960および1968-1972）の分類を参考にし、対象語標示としてのハダカ格とヲ格が名詞と動詞のむすびつきのつくる意味的タイプの面からみるとどのような分布をみせるかを調査した高山（1999）*23に基づき、整理しなおしたものである。「心理的なかかわり」におけるヲ格の用例数が突出しているために比較しにくいが、「物にたいするはたらきかけ」のような具体的・直接的な作用をあらわすグループにおいては、ハダカ格が用いられやすく、次第に作用の直接性が薄れていくにしたがってヲ格の割合が高くなっていき、「心理的なかかわり」のような極めて作用の見えにくいグループにおいてはヲ格が顕著に用いられている。古代語では、対象語標示の典型的な表現は主にハダカ格によって担われ、それとは逆に作用の見えにくい表現において積極的にヲ格が用いられていたことがうかがえる。

　しかし、物的対象への作用をあらわす場合においてハダカ格が256例、ヲ格が154例みとめられ、対象に具体的作用をおよぼすような作用をあらわす場合にもヲ格が用いられていることがわかる。ここで用いられている名詞を語彙的意味から詳細に示すと、ハダカ格は「戸」「岩」いった物名詞が中心であり、変化主体として中心的に現れる「梅」「月」「光」などの自然物名詞、現象（物）名詞においてはヲ格がハダカ格を上回って現れる。ヲ格は直接的な作用を与えにくい対象、言い換えると、作用をうけることに抵抗のある対象語標示に用いられていたものと考えられる。

古代語において対象語標示の中心的機能はハダカ格が担っていたといえるが、ヲ格は作用を受けることに抵抗のある対象語を標示することを介してそれまでハダカ格の担っていた対象語標示の中心的領域を侵しつつあることを意味するのではないか。
　次に示す表は高山（2004）の調査結果である。

表17

	ヲ格	ハダカ格
物的なもの	121	218
自然物	25	7
現象物	14	11
動物	4	4

4.6　言語タイプとしての古代日本語

　古代日本語では主体動作客体変化動詞の主語標示および主体動作動詞の主語標示においてハダカ格、ノ格、ガ格が競合をみせるのに対し、主体変化動詞の主語標示においてはノ格、ガ格はほとんどもちいられることがなく、もっぱらハダカ格であらわれる。主体変化動詞の主語のなかでもハダカ格は特に「雨　ふる」「涙　おつ」などの現象主体をあらわす場合に多くの用例がみとめられる。
　松本泰丈（1982）「琉球方言の主格表現の問題点」*24 では喜界島方言（阿伝）の「文のくみたて」について下記表のように単純化することができ、このような分布をみせるのは類型学的には能格タイプであるとしている。

表18

	主語	直接補語	述語
自動詞構文1	N ø		Vi 状態的
自動詞構文2	N ガ	(N ø)	Vi 行為的
他動詞構文	N ガ	N ø	Vt

　古代日本語のくみたてもこれにならって単純化してみると以下のようになり、若干事情の異なりがあるものの、やはり能格的な面が

みとめられそうである。

表 19

	主語	直接補語	述語
自動詞構文 1	Nφ		Vi 状態的
自動詞構文 2	Nφ，ノ，ガ	（Nφ）	Vi 行為的
他動詞構文	Nφ，ノ，ガ	Nφ，ヲ	Vt

　他動詞的なものの主語標示にあたるものは、古代語では専用形式をもたないようであるが、属格的なものとの共用格としてのノ格とハダカ格が競合をみせており、ハダカ格は絶対格的な主語標示のほかに行為者格的な主語標示にもくわわっているというように、古代日本語の格標示システムは能格タイプとしてみるとくずれたかたちになっている。

　ここで改めて冒頭の言語類型学の視点に立ちかえると、これまでみてきた絶対格的なハダカ格だけでなく、行為者格的なノ・ガ格、対象語格のヲ格も含め、その現れは大枠では名詞の活性／不活性との関わりのなかで用いられていることがわかる。このように語彙的意味にそって格システムが成り立っていることを考えると、古代日本語はより活格型言語に近い言語類型をもっていたものとみることができそうである*25。

＊1　同一名称の分類項目を区分するため、〈　〉を用いて主体変化、客体変化の別を示す。この場合の「変化」は広義に用いており、その中には「変化」のむすびつき、「出現」のむすびつき、「移動」のむすびつきを含めている。「主体変化」「客体変化」においては広義に「変化」を用い、むすびつきのタイプの名称としての「変化」のむすびつきでは狭義に「変化」を用いている。なお、表記上の便を図り、主体変化の連語は｛　｝で、客体変化の連語は［　］で示す。

＊2　本書では自発的な変化主体として表現される名詞、および自発的な動作主体として表現される名詞を自発的運動主体とよぶ。

＊3　名詞の語彙的意味と語形態との相関性については「変化」のむすびつきを一覧したうえで述べる。

*4　影山太郎（1998）『動詞意味論―言語と認知の接点―』（くろしお出版）によると「非対格性の仮説」（Unaccusative Hypothesis）は Perlmutter（1978）や Burzio（1986）などによって立てられたもので、「非対格動詞の主語が統語構造（D構造）において目的語相当として規定される」とされる。
*5　「非能格自動詞」と「非対格自動詞」とよばれる。「非対格自動詞」は内項をもつ自動詞であり、「形容詞的ないしそれに相当する状態動詞、対象物を主語に取る動詞」をあらわし、「非能格自動詞」は外項をもつ自動詞であり、「意図的ないし意志的な行為、生理現象」を表すとされる。(「」内は影山1998による)
*6　このむすびつきは正確には主体動作主体変化動詞と主語名詞とのくみあわせであり、第3章では「生理的な動き」としてとりあげている。
*7　このむすびつきは正確には主体動作主体変化動詞と主語名詞とのくみあわせであり、第3章では「とりつき」としてとりあげている。
*8　本書ではこのような使役の接辞の力を借りることで自他対応がなりたつような主体表現／客体表現の対応は二次的なものとみている。
*9　主体変化の「人の空間的位置変化」のむすびつきに等しい。p.100 参照
*10　主体変化の「位置変化」のむすびつきに等しい。p.98 参照
*11　正確には主体動作主体変化動詞と主語名詞のくみあわせであるが、表10では客体変化の連語に対応させて用例数を示している。
*12　このことと関連して、客体表現では客体に空間的位置変化を及ぼすような運動は待遇的な上位者から下位者への作用を表すのが基本的である。主体表現の主体は上位者、下位者ともに用いられるが、下位者が主体の場合、上位者のいる場所を配慮した謙譲表現が多くとられ、上位者が主体の場合には尊敬表現がとられるというように、主体表現、客体表現はそれぞれ独自の用法を具えているといえる。
*13　主体動作主体変化動詞と主語名詞のくみあわせについては出現数を（　）で示している。
*14　G.A. クリモフ 著／石田修一 訳（1999）『新しい言語類型学―活格構造言語とは何か―』（三省堂）による。
*15　本節は2006年日本語文法学会第7回大会シンポジウム「日本語史からみる主語」における分担発表「絶対格的名詞 – φ の展開」（大会予稿集 p.103-111）に基づき、改稿したものである。
*16　言語類型学では古代日本語のような語義的要素が格関係に深く関係する言語類型として「活格言語」をみとめる立場がある（G.A. クリモフ 著／石田修一 訳（1999）『新しい言語類型学―活格構造言語とは何か―』）。本書における自発的な運動主体として表現される名詞は「活性名詞」、そのような運動主体として表現されない名詞は「不活性名詞」とよばれ、このような語義的要素がさまざまな文法上の諸現象に関わるとされる。
*17　資料には日本古典文学全集（旧版）『源氏物語』1巻、2巻（小学館）を用いている。なお、韻律の影響を考慮し、韻文は調査対象から外している。
*18　本節では「主体動作主体変化動詞」を「主体動作動詞」にふくめ、自動詞を「主体動作動詞」および「主体変化動詞」の2種に区分して述べる。言語類型学においては自動詞を2種に区分して考えることが多く、それに対応させ

るためである。それぞれ影山太郎（1993）『文法と語形成』（ひつじ書房）における「非能格自動詞」、「非対格自動詞」の概念に対応するものである。
＊19　表中の「名詞節」は名詞修飾節、「従属節A」は助辞の後接をうける連体形句節、「従属節B」はそれ以外の従属節として区分している。
＊20　各用例冒頭には用例番号および文体に応じて以下の記号を付す。地の文：j、会話文：k、心内文：s
＊21　「かかわり」については奥田靖雄（1960）「を格のかたちをとる名詞と動詞とのくみあわせ」によっている。
＊22　かかわり動詞の主語標示とてしてのノ格の現れやすさについては2001年日本語文法学会第2回大会発表でとりあげている。詳細は第2回大会予稿集を参照されたい。
＊23　高山道代（1999）「源氏物語におけるゼロ形式の対格表示性について」（平成10年度　修士論文）
＊24　松本泰丈（1982）「琉球方言の主格表現の問題点―岩倉市郎『喜界島方言集の価値』」『国文学 解釈と鑑賞』178-185
＊25　ただし、この問題に関しては分裂能格型であるとする分析（角田太作1991）や「複数の対格型の共存」であるとする分析（佐々木冠2006）などもあり、さらに検討の必要がある。

第6章
主体表現と客体表現の中心と周辺

　前章までは主体変化と客体変化にかかわる表現を考察対象とし、主語標示と対象語標示の用法について分析を進めてきた。本章では前章でとりあげたような主体変化の連語と客体変化の連語の対応関係からは捉えることのできない範疇もふくめて、ハダカ格と有助辞格の対象語標示、主語標示としてのふるまいについてとりあげ、それぞれの用法の広がりから古代語における主体表現、客体表現の中心と周辺について考える。

1. 対象語標示の形態とその機能[1]

1.1　動詞の作用性と対象語標示の形態
　これまでにも客体変化の連語における対象語標示を担う各形態の機能上の差異についてはたびたびとりあげてきたが、ここでは本書における対象語標示に関する分析の基礎となる過去の調査（拙稿1999）[2] について紹介する。
　この調査は奥田靖雄（1960）「を格のかたちをとる名詞と動詞とのくみあわせ」、(1968–1972)「を格の名詞と動詞のくみあわせ」における連語論の考え方を参考にしながら以下のような分類をほどこし、これに基づいて古代語の対象語標示の用法を形態ごとに整理し、ハダカ格とヲ格の対象語標示機能の差異を明らかにしたものである。
　　1　対象にたいするはたらきかけ
　　　・物にたいするはたらきかけ
　　　　　もようがえ／とりつけ／とりはずし／うつしかえ／つくりだし／ふれあい
　　　・人にたいするはたらきかけ
　　　　　生理的状態変化／空間的状態変化／心理的状態変化／社会的状態変化

        ・事にたいするはたらきかけ
            出現／変化
    2　所有のむすびつき
            やりもらい／ものもち
    3　動作的態度
            ちかづき／とおざかり／認識あわせ／表現的態度／崇拝的
            な態度／変化過程の中の態度的側面
    4　心理的なかかわり
        ・認識
            感性的認識／知的認識／発見／再生活動
        ・通達活動
        ・態度
            感情的態度／知的態度／表現的態度／モーダルな態度／
            心理的態度
    5　その他

　　　　　　　　　　　　　　高山（1999、2000＊3）による
調査の結果えられたハダカ格とヲ格の分布状況は次の通りである＊4。

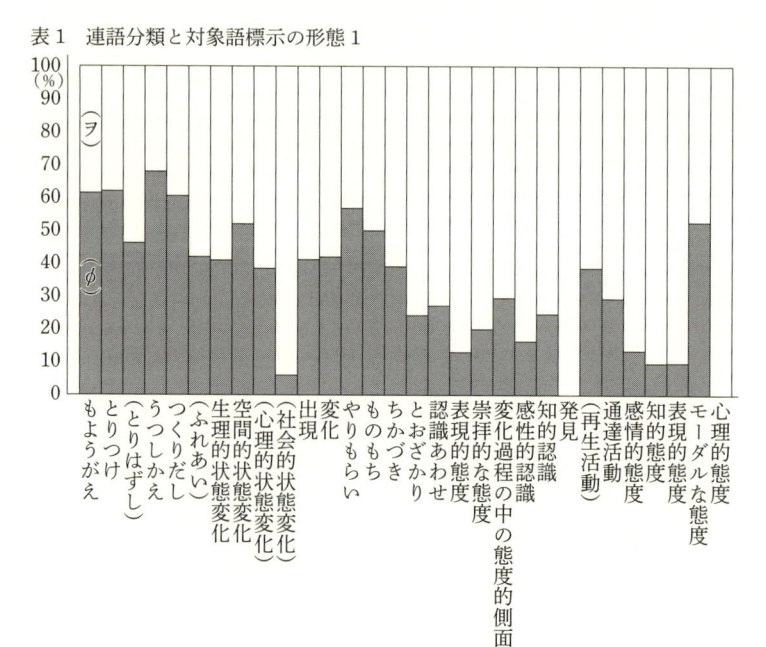

表1　連語分類と対象語標示の形態1

表2　連語分類と対象語標示の形態2

カテゴリー	∅（用例数）	（%）	ヲ（用例数）	（%）	総数	（%）
もようがえ	108	61.4	68	38.6	176	100
とりつけ	52	62	32	38	84	
（とりはずし）	6	46.2	7	53.8	13	
うつしかえ	64	68	30	32	94	
つくりだし	26	60.5	17	39.5	43	
（ふれあい）	27	42	37	58	64	
生理的状態変化	27	41	39	59	66	
空間的状態変化	39	52	36	48	75	
（心理的状態変化）	5	38.5	8	61.5	13	
（社会的状態変化）	1	6	16	94	17	
出現	35	41.2	50	58.8	85	
変化	42	42	58	58	100	
やりもらい	42	56.8	32	43.2	74	
ものもち	7	50	7	50	14	
ちかづき	27	39.1	42	60.9	69	
とおざかり	16	24.2	50	75.8	66	
認識あわせ	9	27.2	24	72.8	33	
表現的態度	3	13	20	87	23	
崇拝的な態度	2	20	8	80	10	
変化過程の中の態度的側面	29	29.6	69	70.4	98	
感性的認識	42	16.3	215	83.7	257	
知的認識	90	24.6	276	75.4	366	
発見	0	0	23	100	23	
（再生活動）	27	38.6	43	61.4	70	
通達活動	48	29.4	115	70.6	163	
感情的態度	54	13.4	350	86.6	404	
知的態度	21	9.6	198	90.4	219	
表現的態度	3	9.7	28	90.3	31	
モーダルな態度	10	52.6	9	47.4	19	
心理的態度	0	0	24	100	24	

表1の左端に位置している「物にたいするはたらきかけ」から「心理的かかわり」に向かっておおまかではあるが作用が間接的・抽象的なものへと移行している。客体変化の連語のあらわす客体への作用は、物質的な対象に物理的な状態変化をひき起こすような運動においてもっとも直接性・具体性がみとめられる。分類の枠組み中、もっとも作用が直接的であるのは「物にたいするはたらきかけ」であるといえる。「所有のむすびつき」は権利の移動などをあらわしており、対象に直接的な作用を与えて物理的な変化をひき起こす運動とは異なる。また、「動作的態度」は「対象にはたらきかけて、変化をあたえよう、変化をあたえさせようという意図をもって、あるいは対象を認識しよう、認識させようという意図をもって、対象にちかづく過程を表現している」のであって、「はたらきかけて、変化をあたえるという物理的な作用ではない」(奥田 1960)。「心理的なかかわり」における作用は具体性・物理性を欠き、対象に対してかかわりはするが変化は与えない、間接的なものと言える。

1.2　ヲ格とハダカ格の対照から見えるもの

　表1、2からわかるように、上記の各分類においてヲ格は対象語標示の形態として用いられており、古代語のヲ格が対象語標示機能を担う形態の一つであることは明らかである。しかし、同時にハダカ格が「対象へのはたらきかけ」をあらわす連語の下位グループ全てにわたってヲ格との競合を見せており、両形態の間には何らかの機能的差異による対立があると考えられる。

　「対象へのはたらきかけ」をあらわす連語は対象に物理的な変化をひき起こすような直接的な作用をあらわすことを基本とし、作用性の異なりによって以下のような1)〜3)の下位グループがたてられる。

1) 対象へのはたらきかけ（物にたいするはたらきかけ／人にたいするはたらきかけ／事にたいするはたらきかけ）
2) 所有（所有（占有）／所有権（占有権）の移動）
3) かかわり（動作的な態度／心理的なかかわり）

上記の分類にそってヲ格とハダカ格の連語を作用性の面から対照すると、両形態の機能分担の様相が見えてくる。次に示す表3は、ヲ格とハダカ格の現れを調査した高山（1999）の結果をもとに整理し直したものである。

表3　連語のあらわすカテゴリカルな意味と対象語標示の形態

		ヲ格	ハダカ格
1)	①物にたいするはたらきかけ	154	256
	②人にたいするはたらきかけ	102	99
	③事にたいするはたらきかけ	108	77
2)	①所有（占有）	7	3
	②所有権（占有権）の移動	32	42
3)	①動作的な態度	213	86
	②心理的なかかわり	1257	295

　「心理的なかかわり」におけるヲ格の用例数が突出しているために比較しずらいが、「物にたいするはたらきかけ」のような具体的・直接的な作用をあらわすグループにおいては、ハダカ格が用いられやすく、次第に作用の直接性が薄れていくにしたがってヲ格の割合が高くなっていき、「心理的なかかわり」のような作用の極めて見えにくいグループにおいてはヲ格が顕著に用いられている。古代語では、典型的な対象語標示は主にハダカ格によって担われ、それとは逆に作用性の見えにくい対象語標示において積極的にヲ格が用いられていたことがうかがえる。
　以上から、古代語においてハダカ格とヲ格はともに対象語標示機能を担いながら、そのなかで作用性における差異をもって使い分けられていたのではないかという見通しがたてられる。

1.3　名詞の語彙的意味からみた対象語標示の形態

　対象語名詞の語彙的意味と語形態との関係については第4章においてすでに述べており、対象語名詞が人名詞や事名詞の場合にヲ格の用いられる割合が高くなることについてとりあげているが、ここではもっとも典型的な客体表現である客体変化の「物の変化」の

むすびつきにおいて、対象語の語彙的意味にしたがってほどこした下位分類におけるハダカ格とヲ格の現れを比較した調査*5 について紹介する。

表4　対象語の語彙的意味と形態*6

	ヲ格	ハダカ格
物的なもの	121	218
自然物	25	7
現象（物）	14	11
動物	4	4

　高山（2004）では古代語の客体変化の連語が物名詞を典型とする自発的な運動主体として表現されにくい名詞を対象語とする傾向が高く、この場合の対象語標示にはハダカ格が多く現れること、また、「自然物」「現象（物）」「動物」などの自発的な運動主体となりうる名詞*7 を対象語にすることは少なく、この場合の対象語標示にはヲ格が現れやすいという傾向差を見出している。ヲ格は客体変化の連語において典型的な対象語となるような直接的、具体的な作用をうける対象とは対極の、作用対象として捉えにくい性質の対象を標示するのに用いられていたものと考えられる。

1.4　客体表現の中心と周辺

　現代日本語における対象語は書き言葉においてヲ格の形を用いることがほぼ義務的になっているため、この機能はヲ格によりかかっているかたちになっており、対象語標示とヲ格とを切りはなして考えにくい状況をつくっている。しかし、古代語における対象語標示の機能はヲ格とハダカ格という2形態が担っており、ヲ格が対象語標示の全機能を担っているのではない。

　これまでにも述べてきたように、動詞が直接性、具体性をもった作用をあらわす場合の対象語標示を客体表現の中心に据えて分析すると、古代語では客体表現の中心的な用法となる物名詞への直接的な作用をあらわす場合の対象語標示にはハダカ格を用いる傾向が高く、ヲ格を用いることは義務的でない。一方、両形態が客体表現と

してはより周辺的である直接性、具体性の見えにくい作用の対象語標示の場合には高い割合でヲ格が用いられるというように、両形態が客体表現のなかで対立を保ちながら機能分担している様相がうかがえる。

　さらにこれと関連して、自発的な運動主体として表現されにくい物名詞を対象語とする場合にはハダカ格によって標示され、対象語にはなりにくい自発的な運動主体として表現されやすい名詞を対象語とする場合にはヲ格によって標示されるというように、対象語の語彙的意味のうえでより一般的な対象語の標示にはハダカ格が、より周辺的な特徴をもった対象語の標示にはヲ格が多く用いられていることがわかる。

2. 主語標示の形態とその機能*8

2.1　動詞の作用性と主語標示の形態

　続いて主語標示についてとりあげる。はじめに、平安期日本語の主要な主語標示形態であるハダカ格とノ格について*9 おこなった高山（2003）の調査を紹介する。これは両形態の用いられる構文的特徴を明らかにしたうえで、主語とむすびつく動詞のタイプごとに整理し、両形態の主語標示機能の差異を明らかにしたものである。

　両形態の主語標示が用いられる構文的特徴については以下のような結果がえられた*10。

表5　主語標示の形態と構文的環境　　　　　　　　　高山（2003）

	連体句*11	連用句	条件句	終止句	引用句	計
ハダカ格	98	156	51	116	28	449
ノ格	103	6	8	4	0	121

　上記表5から、ハダカ格は用法に広がりがみられるが、ノ格は「連体句」内部の用法に集中していることがわかる。主語標示のハダカ格、ノ格があらわれる構文的条件をそろえる必要からここでは「連体句」における用法に限定し、むすびつく動詞のタイプごとにそれぞれの主語標示形態の現れを分析している。

分析には基本的に鈴木泰（1992）の動詞の分類を用いているが、「自然物主語」とむすびつく動詞を新たに加えている。これは「雨・霰・風・香・夜・日」などの本書における「現象名詞」が主語となり、「雨　降る」「風　吹く」などのむすびつきをつくる動詞を他と区分するための分類項目である。この分類では「自然物主語のむすびつき」を「主体動作動詞のむすびつき」と「主体変化動詞のむすびつき」の中間的存在として捉えている。高山（2003）では「このむすびつきをつくるもののうち、動的な表現は「主体動作動詞のむすびつき」の〈動物の動き〉と連続し、静的な表現は「主体変化動詞のむすびつき」の〈物の変化〉と連続している」と説明する。「表現によっては「有情・無情」の区分よりも「動的・静的」といった区分の方が基軸となって働くこともあり…」とも述べており、これは言語類型論の視点である行為・動作の活性（activity）／状態性（stativeness）の区分とも関連するものと考えられる。

　　A　主体動作客体変化動詞
　　B　所有動詞
　　C　かかわり動詞
　　D　動作的態度動詞
　　E　主体動作動詞
　　N　自然物主語
　　F　主体変化動詞
　　G　主体動作主体変化動詞
　　H　状態動詞

　調査の結果えられたハダカ格とノ格の分布は以下のとおりであ

表6　「連体句」におけるハダカ格・ノ格のあらわれ

		ハダカ格	％	ノ格	％
A	主体動作客体変化	3	3.0	6	5.8
B	所　有	0	0.0	3	2.9
C	かかわり	19	19.3	41	39.8
D	動作的態度	3	3.0	6	5.8

E	主体動作	3	3.0	8	7.8
N	自然物主語	12	12.2	4	3.9
F	主体変化	49	50.0	16	15.5
G	主体動作主体変化	9	9.2	19	18.4
	計	98	100.0	103	100.0

る*12。

　A〜EおよびGはいわゆる他動詞や「非能格自動詞」に相当し、その主語は行為主体をあらわす。Fは「非対格自動詞」に相当し*13、その主語は変化主体をあらわす。表から、ハダカ格は主体変化をあらわす主語標示として用いられる傾向が、また、ノ格は行為主体をあらわす主語標示として用いられる傾向がよみとれる。むすびつきのタイプに沿って具体的に述べるなら、ハダカ格はおもに「主体変化動詞」のつくるむすびつきにおいて、また、ノ格はいわゆる他動詞のつくるむすびつきのなかでも作用が間接的な「かかわり動詞」*14 のつくるむすびつきにおいて顕著に用いられている。

2.2　名詞の語彙的意味からみた主語標示の形態

　くりかえしになるが、第5章では主体変化と客体変化の連語における主語名詞および対象語名詞を語彙的意味のうえから検討し、自発的な運動主体として表現されやすい名詞が主体変化の連語の主語に、そのような主体としては表現されにくい名詞が客体変化の連語の対象語として用いられる傾向があることを確認した。

　客体変化の連語における対象語名詞の語彙的意味と語形態については上述したとおりであるが、ここでは、主体変化の連語における主語名詞の語彙的意味と語形態について、第5章における調査結果をもとにとりあげる。

　下記表7は主体変化動詞と主語のつくる「変化」のむすびつきについて、「人」「物」「事」といった名詞の語彙的意味にそって主語標示の形態の現れをまとめたものである*15。表7からわかるように、主体変化の連語においては事名詞の主語標示に、客体変化の

連語においては物名詞の対象語標示に多くの用例がみとめられる。さらに下位分類のレベルにおける詳細な分布状況から説明する必要があるが、この表からは主体変化の連語と客体変化の連語とでは連語全体のあらわしているコトガラ的意味は統語構造上の対応関係とは異なり、名詞や動詞の語彙的意味を反映したものであることがうかがえる。

主語標示のノ格の機能については語彙的意味以外にも考慮しなければならない条件があるため、詳細は後の章に譲ることとし、ここではハダカ格の分布を中心に対象語標示のヲ格についての調査結果も踏まえながら考察をすすめる。

表7 主体変化と客体変化の連語における主語と対象語の現れ

主語／対象語 　　格形態 名詞の語彙的意味	主語 ハダカ格	ノ格	対象語 ハダカ格	ヲ格
物	54	44	240	164
人	92	40（+ガ3）	32	55
身体	96	7	66	28
事（現象含む）	324	69	157	181

表中の「物」は「物の変化」をあらわすむすびつきのことである。「物の変化」をあらわすむすびつきは構成要素となる名詞の語彙的意味にしたがってさらに下位分類をほどこすことができる。

下記表8は「物の変化」のむすびつきにおける下位区分ごとの

表8 「物の変化」のむすびつき

主語／対象語 　　格形態 名詞の語彙的意味	主語 ハダカ格	ノ格	対象語 ハダカ格	ヲ格
物	14	19	218	58
自然物	19	20	7	25
現象（物）	21	5	11	14
動物	0	0	4	4

主体変化と客体変化の連語における主語および対象語の形態（ハダカ格と有助辞格）の現れをまとめたものである。「物の変化」のむすびつき全体では客体変化の連語が主体変化の連語を大きく上回って実現され、分布に偏りがみとめられることから、この種のむすびつきが客体変化の連語として表現されやすいことがうかがえる。

　主体変化の連語と客体変化の連語では名詞の語彙的意味の側面において、また名詞句形態の現れにおいて、以下のような差異がみとめられる。

・客体変化の「物の変化」のむすびつきにおいて対象語となるのは大半が物名詞であり、自然物名詞や現象（物）名詞などの自発的な運動主体として表現されやすい名詞は対象語としては現れにくい。客体変化の連語は「袖　濡らす」のように、対象に物理的変化を与えるような作用をあらわすのが典型である。
・主体変化の「物の変化」のむすびつきは客体変化のむすびつきと比べて全体的に分布が少なく、主体変化の連語として表現されにくいことがうかがえる。主語名詞には自然物名詞や現象（物）名詞などの自発的な運動主体として表現されやすい名詞が多く用いられ、物名詞は主語としては現れにくい。主体変化の連語は「菊　おもしろくうつろひわたり」、「月　のぼりて」のように自然物名詞や現象（物）名詞が自発的にひき起こす運動をあらすのが典型である。

2.3　主体表現の中心と周辺

　古代語において用いられる主要な主語標示形態であるハダカ格とノ格は、第一に用いられる構文的環境において異なりがみとめられる。ハダカ格は主節・連用節を中心としながらも広く分布がみとめられ、ノ格は連体節内部の用法に集中しており構文的条件において制約のある主語標示機能を担っていることが確認できる。動詞のあらわす作用性の側面ではハダカ格は主語標示としてより一般的である主体変化動詞の主語標示として用いられる傾向が、一方のノ格は主体動作客体変化動詞や主体動作動詞などの行為主体をあらわす主語の標示として用いられる傾向がみとめられる。さらに、主語名詞

の語彙的意味においては上述のように主体変化の連語の主語として より一般性をもって用いられる事名詞の場合にはハダカ格が用いら れ、そこから逸脱するような行為主体をあらわす人名詞や主体変化 の連語の中では用いられにくい物名詞を主語標示する場合にはノ格 が用いられるというように、主体表現のなかで対立を保ちながら機 能分担していることがうかがえる。

　ノ格についてはハダカ格との対照をとおして、主体動作主体変化 動詞とむすびつく主語標示に用いられる傾向があることについては 第3章においてすでに述べた。本章ではさらに、ノ格が主体動作 客体変化動詞（他動詞相当）の主語にも多く用いられ、能動的主体 の主語標示として現れる傾向があること、また、主体変化動詞とむ すびつく物名詞の主語標示としてもノ格が比較的多く用いられるこ とを確認した。ハダカ格が主体変化動詞とむすびつく自発的な運動 主体をあらわす主語を積極的に標示する傾向があるのに対して、ノ 格はそれとはことなる性質の主体をあらわす主語（主体動作客体変 化動詞や主体動作主体変化動詞の主語および主体変化動詞とむすび つく物名詞の主語）を標示する傾向がある。

　以上から、主体表現における一般的な表現である主体変化の連語 の典型的な主語の標示にはハダカ格が積極的に用いられ、それとは 異なる主語の標示にはノ格が用いられていることがわかる。より単 純化して述べるなら、主語標示の中心的機能をハダカ格がうけもち、 より周辺的な機能をノ格がうけもっているといえる。

3. ハダカ格のあらわすものと有助辞格のあらわすもの

　第1節でみたように、古代日本語の対象語標示の形態にはハダ カ格とヲ格の2形態がみとめられ、両者の機能上の差異は次のよ うに現れる。ハダカ格名詞句は能動的主体のおよぼす作用により対 象に状態変化や位置変化などの具体的な変化が生じることをあらわ す客体変化の連語において物的な対象をあらわす傾向がみとめられ、 一方のヲ格名詞句はそのような対象をあらわすこともあるものの、 多くは、能動的主体の作用の結果、対象に具体的な変化が生じない ような知覚や感情などの対象をあらわす傾向がみとめられる。また、

名詞の語彙的意味の側面において、ハダカ格は作用対象として表現されやすい物名詞を対象語標示する傾向が高く、ヲ格は自発的動作主体として表現されやすい人名詞や変化主体として表現されやすい事名詞や現象名詞を対象語標示する傾向がみとめられる。

　主語標示の形態にはハダカ格のほかにノ格、ガ格などの有助辞形態がみとめられ、以下のような機能上の差異をもって現れる。1、ノ格、ガ格は連体形従属節を構成することがその基本的用法であり、主語標示についてもほとんどが連体形従属節において現れるという構文的な制限を持っているのに対し、ハダカ格は主節、連用節を中心にさまざまな構文において広く用いられること。2、主語名詞の語彙的意味の側面においてハダカ格は自発的な運動主体として表現されやすい事名詞や現象名詞を多く主語標示し、ノ格は意志＝能動的な行為主体を標示する場合や反対に通常主語として用いられることの少ない物名詞を標示する場合など、一般的な主語である変化主体として表現されにくい名詞を主語標示する場合に多く用いられること。

　以上のように主語標示および対象語標示の両機能におけるハダカ格と有助辞格の用法を対照すると、両形態の機能には一般性と個別性という対立がみとめられる。ハダカ格と有助辞格という無標形態と有標形態の対立は、主語標示および対象語標示における用法上の無標性と有標性におおよそ対応していると考えられる。

＊1　本節は高山（1999 註2参照）、（2000）「源氏物語におけるφ形式とヲ表示形式の対格表示機能について」『人間文化研究年報』23、（2005a）「古代日本語のヲ格があらわす対格表示の機能について―ハダカ格との対照から―」『国文学 解釈と鑑賞』70-7 などのこれまでの論考に基づき、その概要としてまとめたものである。
＊2　高山道代（1999）「源氏物語におけるゼロ形式の対格表示性について」（平成10年度　修士論文）
＊3　高山道代（2000）「源氏物語におけるφ形式とヲ表示形式の対格表示機能について」『人間文化研究年報』23　高山（1999）の一部を論文化したものである。

＊4 　調査対象は日本古典文学全集（旧版）『源氏物語』1巻、2巻（小学館）とし、韻律などの影響を考慮し、韻文は調査対象としていない。「φ」はハダカ格、「ヲ」はヲ格をあらわしている。

＊5 　高山（2004）「古代日本語におけるハダカ格について」（平成15年度　学位論文）。調査対象は日本古典文学全集（旧版）『源氏物語』1巻〜3巻（小学館）としている。韻文は調査対象としていない。

＊6 　高山（2005a）「古代日本語のヲ格があらわす対格表示の機能について」『国文学 解釈と鑑賞』70-7による。高山（2004）における調査結果の一部をまとめたものである。

＊7 　高山（2004）では自発的な運動をひき起こすことのできる「自然物」「現象」などの名詞を「能変化名詞」とよび、これらの名詞は主体変化の連語の中で主語として用いられることを基本としていると見ている。

＊8 　本節は高山（2001）「古代日本語のハダカ格について―源氏物語の用例を通して―」日本語文法学会第2回大会発表予稿集（p.96-105）、（2003）「源氏物語における主格表現としてのハダカ格とノ格について」『人間文化論叢』5、（2004）「古代日本語におけるハダカ格について」（平成15年度　学位論文）の一部等の論考に基づきその概要としてまとめたものである。

＊9 　松本（1982）では喜界島方言のガ格を「能格専用ではなく、属格（連体格）との共用」の格形態とみている。このような観点にたって、平安期日本語のノ格、ガ格も主語標示機能の側面から分析できるものと考える。

＊10 　調査資料には日本古典文学全集（旧版）『源氏物語』桐壺〜胡蝶巻（小学館）を用い、韻文は調査対象から除いている。

＊11 　連体修飾句、助辞後接句、準体句などをすべて含む。

＊12 　なお、この調査では鈴木泰（1992）の分類に「自然物主語」を加え、「状態動詞」は対象から外している。

＊13 　言語類型論では統辞的に他動詞目的語と変化自動詞主語が同形であらわされ（絶対格）、他動詞主語や行為自動詞主語が別の形であらわされる（能格）ような言語を「能格言語」とよんでいる。これを受けて生成文法では変化自動詞を「非対格自動詞」、行為自動詞を「非能格自動詞」とよび、自動詞を二分している。

＊14 　「かかわり」については奥田靖雄（1960）を参考にしている。本書でも何度かとりあげているが、対象への心理的、感情的作用をあらわすむすびつきである。

＊15 　高山（2004）の調査に基づき名詞の語彙的意味に沿ってまとめ直したものである。（第5章表1〜3を参照）

第7章
有標形態があらわすもの

　前章では主体表現、客体表現にはそれぞれ中心的用法と周辺的用法とがあり、中心的用法はおもにハダカ格によって、周辺的用法はおもに有助辞格によって担われていることを確認した。

　本章では古代語において主語標示や対象語標示としての専用形式とはなっていない有助辞格が歴史的にどのように機能を広げ、ハダカ格が担っていた主語標示や対象語標示の領域に入り込んでいったのかという問題を念頭に置きながら、平安期日本語における主語標示のノ格とガ格、対象語標示におけるヲ格の用法をより詳細に検討する。

1. ノ格とガ格の類似性と相違性[*1]

1.1　ノ格とガ格を対照するにあたって

　平安期日本語の代表的な主語標示形態としてハダカ格とノ格がみとめられるが、両形態は用いられる構文的環境において際立った差異をみせる。前章ではハダカ格は主節、連用形従属節、連体形従属節を中心に広く用いられるが、もう一方のノ格は連体形従属節内部における用法に集中していること、また、平安期日本語では、動詞とむすびつく主体表現の中心的機能が自発的な変化主体を主語とすることにあり、その場合にハダカ格が用いられる傾向のあること、また、物的主体や行為主体を主語とすることは少ないが、その場合の標示にはノ格が用いられる傾向のあることなどを確認した。

　本節ではハダカ格のあらわす主語標示との対照から、有助辞格であるノ格とガ格のあらわす主語標示の機能に焦点をあてて検討する[*2]。平安期日本語におけるガ格の主語標示用法はまだ少ないが、ノ格との高い類似性がみとめられることから、両形態の担う機能は多くの先行研究によって対照されてきた。しかし、ハダカ格も含め

た主語標示機能全体のなかでノ格とガ格がどのような機能的差異をもって用いられているのかといった観点からは積極的な議論がなされていない。筆者はこれまで平安期日本語における主語標示および対象語標示の用法をもつハダカ格と有助辞格とを対照し、その文法的意味・機能についての分析をおこなってきた*3。高山（2006）*4 では、それまでの調査をふまえ、類型論的な観点から主語標示についてとりあげ、ノ格とガ格の用法には以下のようなハダカ格に対する相対的類似性のみとめられることを指摘した。

　第一に、主語名詞の語彙的意味において、ハダカ格は事名詞を標示する用法が多いのに対し、ノ格やガ格は人名詞を標示する傾向の高いこと。第二に、ハダカ格は自発的な変化主体を標示する傾向があるのに対し、ノ格およびガ格は行為主体を標示する傾向のあること。第三に、ハダカ格が主節、連体形従属節、連用形従属節などにおいて広くみとめられるのに対し、ノ格やガ格は連体形従属節に偏って現れることなどである。つまり、ノ格とガ格はともに連体形従属節における行為主体の主語標示として、特に人名詞を主語とする場合に顕著に用いられるという点で高い類似性をしめす。

　本節では、高山（2006）の調査結果をもとに、類似性から対照されることの多いノ格とガ格の主語標示機能について次の観点から両者を対照し、それぞれの形態の主語標示における機能分担の様相をあきらかにする。
　　①述語動詞の文法的タイプ
　　②構文的環境
　　③主語名詞の語彙的意味

　助辞ノ、ガの文法的意味・機能の差異については、従来から多くの指摘があるが、そうした研究では上接語や構文的環境などが個別の問題として論じられてきた感がある。そこで本節では先行諸研究の指摘を踏まえつつ、上記のような複数の観点からノ格とガ格の主語標示機能を捉えなおしてみたい*5。

1.2　述語動詞の文法的タイプからみたノ格とガ格

　はじめにノ格とガ格の類似性について整理する。先にものべたが、

この調査は、高山（2004）でおこなった平安期日本語の格標示のありかたについての調査をふまえ、言語類型論の観点から考察したものである。下記表1は、述語動詞の文法的タイプからみた主語標示形態（ハダカ格、ノ格、ガ格）の現れである。

表1 述語動詞の文法的タイプと主語名詞の形態

動詞のタイプ ＼ 主語名詞の形態	ハダカ格	ノ格	ガ格
主体変化動詞	570	110	3
主体動作動詞（自動詞）	161	119	4
主体動作客体変化動詞[6]	252	217	27

ガ格の用例はわずかであり、確かなことは言えないが[7]、ハダカ格が主体変化動詞の主語標示に用いられる傾向が高いのと対照的に、有助辞格であるノ格とガ格はともに主体動作客体変化動詞の主語標示として多くみとめられ、行為性の高い動詞の主語標示として現れやすい点で類似性をもつ。

しかし、ノ格とガ格は主体動作客体変化動詞の主語標示において用例の偏りの程度が異なる。ガ格は主体動作客体変化動詞の主語標示の用法に集中してみられ、他のタイプの動詞の主語標示にはほとんど用いられないのに対し、ノ格は主体動作客体変化動詞の主語標示として多くみとめられはするものの、他の主体動作動詞や主体変化動詞の主語標示としても用いられ、ガ格と比べると広く分布している。

このように、ノ格とガ格は動詞の主語標示として類似の機能をもちながら、そのなかで差異をもって対立をみせる。以下、構文的環境および主語名詞の語彙的意味の側面から、むすびつく述語動詞の文法的タイプごとに用例にそって両者を対照する。

1.3 構文的環境（句のタイプ）からみたノ格とガ格

構文的環境については高山（2003）における調査[8] により、主語標示のハダカ格が主節にも他のさまざまなタイプの従属節にも広く用いられることが確かめられた。また、高山（2006）では主語

標示のノ格、ガ格のあらわれる構文的環境をむすびつく動詞のタイプ別に調査し、ノ格およびガ格がともに連体形従属節に偏ってあらわれ、構文的環境の上でハダカ格に対して相対的に類似性をもつことが確かめられた。表2、3はその調査結果をまとめたものである。ここでは従属節をさらに名詞の後続をうける連体形従属節（名詞節）、名詞の後続をうけない連体形従属節（従属節A）*9、その他の従属節（従属節B）、主節*10 の四つに区分し、動詞のタイプごとに主語標示の現れかたをみている。

表2　主語標示のノ格の現れる構文的環境

動詞のタイプ \ 句構造	名詞節	従属節A	従属節B	主節	計
主体変化動詞	41	43	12	4	100
主体動作動詞	45	59	2	13	119
主体動作客体変化動詞	104	69	27	17	217
計	190	171	41	34	436

表3　主語標示にガ格の現れる構文的環境

動詞のタイプ \ 句構造	名詞節	従属節A	従属節B	主節	計
主体変化動詞	2	1	0	0	3
主体動作動詞	2	0	1	1	4
主体動作客体変化動詞	13	11	0	3	27
計	17	12	1	4	34

このように主語標示のノ格とガ格の構文的環境における現れはハダカ格との対照において相対的に類似性がみとめられるのであるが、詳細にみると機能上の相違も見出せる。以下、動詞のタイプごとに主語標示のノ格の現れを用例とともにみていく。

1.4　主体変化動詞のつくる節
1.4.1　ノ格
名詞節

1j 頭中将を見たまふにも、あいなく胸騒ぎて、<u>かの撫子の　生ひ立つありさま</u>聞かせまほしけれど、かごとに怖ぢてうち出でた

まはず。(夕顔)

2j　夕暮れの静かなるに、空の気色いとあはれに、御前の前栽枯れ枯れに、虫の音も鳴きかれて、<u>紅葉の　やうやう色づくほど</u>（夕顔）

従属節A

3j　人のほどの心苦しきに、<u>名の　朽ちなむ</u>はさすがなり。（末摘花）

4k　「今年だに声すこし聞かせたまへかし。待たるるものはさしおかれて、<u>御気色の　あらたまらむ</u>なむゆかしき」とのたまへば、（末摘花）

従属節B

5j　承香殿の御腹の四の皇子、まだ童にて、秋風楽舞ひたまへるなむ、さしつぎの見物なりける。<u>これらにおもしろさの　尽きにければ</u>、こと事に目も移らず、かへりてはことざましにやありけむ。（紅葉賀）

6j　<u>御歯の　すこし朽ちて</u>、口の中黒みて、笑みたまへる、かをりうつくしきは、女にて見たてまつらまほしうきよらなり。（賢木）

主節

7s　親たちも、かかる御迎へにて上る幸ひは、<u>年ごろ寝ても覚めても願ひわたりし心ざしの　かなふ</u>と、いとうれしけれど、（松風）

8k　思ふ心ありて、行きかかづらふ方もはべりながら、<u>世に心の　しまぬ</u>にやあらん、独り住みにてのみなむ。まだ似げなきほどと、常の人に思しなずらへて、はしたなくや」（若紫）

　主体変化動詞のつくるむすびつきの全用例（100例）のうち、84例が連体節のかたちをとっている（名詞節41例、従属節A 43例）ことになり、主語標示のノ格が連体形従属節における用例に偏って現れることがわかる。なお、従属節Bの用例は12例のみであり、主節の用例は大半が引用助辞トの受ける引用句となっている。

1.4.2　ガ格

名詞節

9k 「<u>まろが、かくかたはになりなむ時</u>、いかならむ」とのたまへば、(末摘花)

10j 言はむ方なきさかりの御容貌なり。<u>いたうそびやぎたまへりしが、すこしなりあふほどになりたまひにける御姿</u>など、かくてこそものものしかりけれと、御指貫の裾まで、なまめかしう(松風)

従属節A

11k <u>その家なりける下人の病しけるが、にはかに出であへで亡くなりにけるを</u>、怖ぢ憚りて、日を暮らしてなむ取り出ではべりけるを、(夕顔)

　主体変化動詞の主語標示として機能するガ格は、名詞節に2例、従属節Aに1例のみで、連体形従属節において若干みとめられるのみとなっている。このタイプの動詞の主語標示としてガ格は用いられにくい形態といえる*11。

1.5　主体動作動詞のつくる節

1.5.1　ノ格

名詞節

12j そのころ、<u>高麗人の　参れる</u>なかに、かしこき相人ありけるを聞こしめして、宮の内に召さむことは…(桐壺)

13j <u>御使の　行きかふほど</u>もなきに、なほいぶせさを限りなくのたまはせつるを、(桐壺)

従属節A

14j 「『…<u>若宮の、いとおぼつかなく、露けき中に過ぐしたまふ</u>も、心苦しう思さるるを、とく参りたまへ』など、はかばかしうも、のたまはせやらず、むせかへらせたまひつつ、」(桐壺)

15j <u>小君の　渡り歩く</u>につけても胸のみふたがれど、御消息もなし。(空蝉)

16k「…ただ我どちと知らせて、<u>ものなど言ふ若きおもとの　はべ</u>

るを、そらおぼれしてなむ、隠れまかり歩く。…」(夕顔)
従属節B
17j 何ごとかあらむとも思したらず、<u>さぶらふ人々の　泣きまどひ</u>、上も御涙の隙なく流れおはしますを、あやしと見たてまつりたまへるを。(桐壺)
18k 「…昨日、<u>夕日の　なごりなくさし入りて</u>はべりしに、文書くとてみてはべりし人の顔こそ、いとよくはべりしか。…」(夕顔)
主節
19s あながちに丈高き心地ぞする。<u>いかなる者の　集へるならむ</u>と、やう変りて思さる。(夕顔)
20k 「少納言よ。直衣着たりつらむは、いづら。<u>宮の　おはするか</u>」とて、寄りおはしたる御声、いとらうたし。(若紫)

　主語標示のノ格は名詞節に45例、従属節Aに59例みとめられ、主体動作動詞のつくる節の全用例(119例)の大半(104例)を占めている。ノ格の用例が連体形従属節に偏る点は主体変化動詞の主語標示の場合と同様である。主節の用例はここでもすべて引用助辞トの受ける引用句である。

1.5.2　ガ格
名詞節
21j なほさて待ちつけきこえさせんことのまばゆければ、<u>小君が　出でて去ぬる</u>ほどに、「いとけ近ければかたはらいたし。なやましければ、忍びてうち叩かせなどせむに、ほど離れてを」とて、渡殿に、中将といひしが局したる隠れに移ろひぬ。(帚木)
22j こよなく衰へたる宮仕人などの、巌の中尋ぬるが　落ちとまれるなどこそあれ、これはこよなうこめき思ひあがれり。(澪標)
従属節B
23s <u>幼くものしたまふが</u>、かく齢過ぎぬる中にとまりたまひて、(須磨)
主節

24k「誰が　詣でたまへるぞ」と問ふめれば、(澪標)

　主体動作動詞の主語標示として機能するガ格は、名詞節だけでなく従属節Bや主節にもみられ、用例の広がりがみとめられる。しかし、主体動作動詞の主語標示としてはノ格が119例、ハダカ格が161例と多数みとめられるのに対し、ガ格は4例のみであり、ガ格の主語標示用法が一般化していたとはいえない。

1.6　主体動作客体変化動詞のつくる節
1.6.1　ノ格
名詞節

25k「他人の　言はむやうに心得ず仰せらる」と、中将憎む。(帚木)

26k「…かかれど、人の　見及ばぬ蓬莱の山、荒海の怒れる魚のすがた、唐国のはげしき獣の形、目に見えぬ鬼の顔などのおどろおどろしく作りたる物は(帚木)

27s かの人の　思ふらん心の中いかならむと心苦しく思ひやりたまふ。(帚木)

28s かの下が下と人の　思ひ捨てし住まひなれど、その中にも、思ひのほかに口惜しからぬを見つけたらばと、めづらしく思ほすなりけり。(夕顔)

従属節A

29k「『参りてはいとど心苦しう、心肝も尽くるやうになん』と、典侍の　奏したまひしを、もの思うたまへ知らぬ心地にも、げにこそいと忍びがたうはべりけれ」とて、ややためらひて、仰せ言伝へきこゆ。(桐壷)

30k「…童にはべりし時、女房などの　読みしを聞きて、いとあはれに、悲しく、心深きことかなと、涙をさへなん落しはべりし。(帚木)

31j かれは、人の　ゆるしきこえざりしに、御心ざしあやにくなりしぞかし。(桐壷)

32k「…つれづれなるままに、南の半部ある長屋に渡り来つつ、車

の音すれば、若き者どもの　のぞきなどすべかめるに、この主とおぼしきも這ひ渡る時はべべかめる。…」(夕顔)

従属節 B
33s いときよらなる御髪をそぐほど、心苦しげなるを、上は、御息所の　見ましかば、と思し出づるに、たへがたきを、心づよく念じかへさせたまふ。(桐壺)
34j いとをかしと聞いたまへど、人々の　苦しと思ひたれば、聞かぬやうにて、まめやかなる御とぶらひを聞こえおきたまひて帰りたまひぬ。(若紫)

主節
35k 「こはなぞ、あなもの狂ほしの物怖ぢや。荒れたる所は、狐などやうのものの、人をおびやかさんとて、け恐ろしう思はするならん。まろあれば、さやうのものにはおどされじ」とて、引き起こしたまふ。(夕顔)
36k 「…いときなきよりなづさひし者の　いまはのきざみにつらしとや思はんと思うたまへて、まかれりしに、…」(夕顔)
37k 「揚名介なる人の家になんはべりける。男は田舎にまかりて、妻なん若く事好みて、はらからなど宮仕人にて来通ふ、と申す。くはしきことは、下人の　え知りはべらぬにやあらむ」と、聞こゆ。(夕顔)

　ノ格は名詞節に104例、従属節Aに69例みられ、217例中173例が連体形従属節の主語標示として現れる。ただし、主体動作客体変化動詞の主語標示の場合は従属節Bや主節においてもノ格が比較的多くみとめられる*12。
　表2から、ノ格は主体動作客体変化動詞の主語標示として用いられる傾向があること、また、名詞節や従属節Aのような連体形従属節において現れやすいことがわかる。この二つの指標が交差する(連体形従属節でありかつ主体動作客体変化動詞の主語である)点において用例分布が顕著にみとめられるが、この点を除いてみると、主語標示のノ格の場合は主体動作客体変化動詞の主語標示であることよりも、連体形従属節の主語標示としての機能が優先される

ことがわかる。

1.6.2 ガ格
名詞節
38j さすがにわが　見棄ててん後をさへなん、思ひやり後見たりし。（帚木）

39j 中将といひしが　局したる隠れに移ろひぬ。（帚木）

40s …ましていかなりけん、この世にわが　思ひきこゆる人などをさやうに放ちやりたらむことなど思ふも、あらむ事のやうにゆゆしうて、…（須磨）

41s 良清が　領じて言ひし気色もめざましう、年ごろ心つけてあらむを、目の前に思ひ違へんもいとほしう思しめぐらされて、（明石）

従属節 A
42k 「…いとよく隠したりと思ひて、小さき子どもなどのはべるが、言あやまりしつべきも、言ひ紛らはして、また人なきさまを強ひて作りはべり」など、語りて笑ふ。（夕顔）

43s わが　かうて見馴れけるは、故親王のうしろめたしとたぐへおきたまひけむ魂のしるべなめりとぞ、思さるる。（末摘花）

44j 年月を過ぐしたまふが、ただならずうち思ひおこせたまふらむが、いと心苦しければ、…（明石）

主節
45s 母屋の中柱にそばめる人やわが　心かくると、まづ目とどめたまへば、（空蟬）

46k 「いといたく若びたまへるは、誰が　ならはしきこえたるぞ」とて、常なき世にかくまで心おかるるもあぢきなのわざや、とかつはうちながめたまふ。（朝顔）

　主語標示のガ格は全用例34例中27例が主体動作客体変化動詞の主語標示として用いられており、ガ格がこの動詞の主語標示用法に特徴的に現れることがわかる。

　また、主体動作客体変化動詞の主語標示27例中24例が連体形

従属節において現れており、構文的環境の面ではノ格主語標示との類似性がみとめられる。主節の主語標示としても3例みとめられるが、この場合、連体形終止文の形をとっている。

　表3から、ガ格は主体動作客体変化動詞の主語標示として用いられる傾向の高いこと、また、名詞節や従属節Aのような連体形従属節において現れる傾向があり、ノ格の場合と同様に、この二つの指標が交差する（連体形従属節であり、かつ主体動作客体変化動詞の主語である）点において用例分布が顕著にみとめられる。しかし、この点を除いてみると、主語標示のガ格の場合は連体形従属節内の主語標示としても主体動作客体変化動詞の主語標示としてもわずかな用例分布しかみとめられず、どちらか一方の機能の有勢は判断しにくい*13。

1.7　構文的環境における類似性と相違性

　上述のように、ノ格とガ格を構文的環境の面から対照すると、両形態ともに連体形従属節における主体動作客体変化動詞の主語標示の用例を多くもつ点で類似性がみとめられる。しかし、ガ格はそもそも主語標示としての用例が非常に少なく、そのほとんどが主体動作客体変化動詞の主語標示におけるものである。主体変化動詞や主体動作動詞の主語標示としての用例はごくわずかであり判断材料としては不十分といわざるをえない。

　また、構文的環境のうえではノ格とガ格には大きな差異がみとめられないのであるが、先にあげた主体動作客体変化動詞の主語、連体形従属節内の主語というガ格、ノ格に共通する特徴のうち、ノ格においては連体形従属節内の主語標示機能が優先されるのに対し、ガ格においてはどちらが優先されるかは判断しにくいといった相違がある。

1.8　主語名詞の語彙的意味からみたノ格とガ格

　表1において、ハダカ格の全用例の半数以上が主体変化動詞の主語標示であるのに対し、ノ格およびガ格は主体動作客体変化動詞の主語標示として多く用いられていることは先にも述べた。ハダカ

格は主体変化動詞の主語標示として多く用いられ、事名詞や物名詞、現象名詞などを主語とする傾向がある。それに対し、ノ格とガ格は主体動作客体変化動詞の主語標示として多く用いられ、人名詞を主語とする傾向がある。ここにおいて、ノ格とガ格の相対的類似性がみとめられる。

しかし、ノ格とガ格は主語名詞の語彙的意味の上で、また、その分布のしかたの上で差異がみとめられる。表4はハダカ格、ノ格、ガ格それぞれが標示する人名詞主語の割合を調査したものである。

表4 動詞の主語標示における人名詞の現れやすさ *14

名詞の形態＼動詞のタイプ	主体動作客体変化動詞	主体動作動詞	主体変化動詞	総数
ハダカ格	240／252 95.2%	128／161 79.5%	35／570 6.1%	403／983 41.0%
ノ格	207／217 95.4%	94／119 79.0%	13／100 13.0%	314／436 72.0%
ガ格	27／27 100.0%	4／4 100.0%	3／3 100.0%	34／34 100.0%
総数	474／496	226／284	51／673	751／1453

前述したように、ノ格とガ格はハダカ格とくらべ、人名詞を多く主語標示する傾向がある点で相対的な類似性がみとめられるのであるが、両形態の主語名詞の語彙的意味をむすびつく動詞のタイプ別に対照すると相違がみとめられる。表4から、ノ格とガ格はともに主体動作客体変化動詞および主体動作動詞などの行為性の高い動詞の場合に高い割合で人名詞を主語標示する点で類似するが、主体変化動詞の主語標示としては、ノ格が人名詞以外の名詞を主語とすることが多いのに対し、ガ格はやはり人名詞のみを主語としていることがわかる。そもそも、ハダカ格やノ格と比べ、ガ格が主語標示として用いられることは非常に少なく、主語標示としての安定した用法を獲得しているとは言い難いのであるが、ガ格主語標示の用例（34例）すべてにおいて動詞のタイプに関わらず人名詞を主語標示しており、ここにガ格の主語標示用法の特殊性がみてとれる。次に、ノ格とガ格の標示する主語名詞の語彙的意味について、用例に沿っ

て詳細にみていく。

1.8.1　主体変化動詞の主語標示としてのノ格とガ格

　主体変化動詞の主語としてあらわれるガ格は、先にあげた3例のみであるが、すべてが人名詞となっている。
　「まろが、かくかたはになりなむ時」「いたうそびやぎたまへりしが、すこしなりあふほどになりたまひにける御姿など」「その家なりける下人の病けるが、にはかに出であへで亡くなりにけるを」
　それに対し、ノ格は用例数も豊富であり（100例）、現象名詞や自然物名詞、事名詞、物名詞がその大半（8割以上）をしめている。「露の　はかなく消えぬる」「紅葉の　やうやう色づく」「名の　朽ちなむ」などである。
　「かの撫子の　生ひ立つ」「あはれと思ひし人の、はかなきさまになりにたる」のような人名詞主語もみとめられるが、全体の一割程度にとどまる。主体変化動詞の主語標示としてノ格は現象名詞や自然物名詞を多く主語とする。人名詞を主語としてたてにくい点はハダカ格の場合と類似する。これに対しガ格は、主体変化動詞というもっとも行為性と離れた運動をあらわす動詞のつくる節においても人名詞のみを主語とし、ここにおいて主語標示のガ格の特殊性がうかがえる。

1.8.2　主体動作動詞の主語標示としてのノ格とガ格

　主体動作動詞のガ格主語標示の用例は以下にあげる4例のみであり、すべて人名詞である。
　　「こよなく衰へたる宮仕人などの、巌の中尋ぬるが　落ちとまれる」「幼くものしたまふが、かく齢過ぎぬる中にとまりたまひて」「小君が　出でて去ぬる」「誰が　詣でたまへるぞ」
　上記用例において、ガ格は「誰が」を除いてすべて特定性の高い人をさししめす名詞を標示している。
ノ格
人名詞
　　「御使の　行きかふほどもなきに」「さぶらふ人々の　泣きまど

ひ、」「高麗人の 参れるなかに」「かくいまいましき身の 添ひ
たてまつらむも、」「小君の 渡り歩くにつけても」「小さき子ど
もなどの はべるが、」「まめ人の 乱るるをりもあるを」「人の
籠りゐぬべき所どころはありながら」

人名詞以外
　　「かかるけはひの いとかうばしくうち匂ふに」「竹の中に家
鳩といふ鳥の ふつつかに鳴くを聞きたまひて、」「鹿の たたず
み歩くもめづらしく見たまふに、」

　主体動作動詞のノ格主語標示においても、やはり人名詞である割
合が高いが、これはノ格とガ格に限らずハダカ格もふくめて主語名
詞全般にみとめられる傾向であり、ノ格の特徴とはいえない。
　ノ格における人名詞には「使」「世人」などの一般性の高い名詞
や「人々」のような複数人名詞が多くみとめられる。「使」は役職
名をあらわす普通名詞であるが、上記用例の「御使の」はその役職
にあたる複数の人をあらわすのに用いられている。このような場合、
人名詞としての特定性は低くなる。上述のようにガ格主語標示は特
定性の高い個人をあらわす名詞を主語とする傾向があり、この点に
おいて両形式には機能上の相違がみとめられる*15。

1.8.3　主体動作客体変化動詞の主語標示としてのノ格とガ格
　主体動作客体変化動詞の主語標示においてもガ格は27例すべて
が人名詞である。以下にガ格の用例をあげる。

ガ格
　　「さすがにわが 見棄ててん後をさへなん、」「わが 思ふにかな
はねど」「小さき子どもなどのはべるが、言ひあやまりしつべ
きも」「右近が 言はむこと」「雀の子を犬君が 逃がしつる」
「わが かうて見馴れけるは」「公茂が 仕うまつれるが、いと
みじきを奉らせたまへり」「誰が ならはしきこえたるぞ」
　それに対し、ノ格は人名詞のほかにも植物や動物などをあらわす

名詞も主語標示し、ガ格に比べて用法の広さ・不特定性がみとめられる*16。以下に、ノ格の用例をあげる。

ノ格
人名詞

　「…と典侍の　奏したまひしを」「人の　ゆるしきこえざりしに」「御息所の　見ましかば、と思し出づるに」「世人の　思へることも」「君の　出で入りしたまふに」「女房などの　物語読みしを聞きて」「その織女の　裁ち縫ふ方をのどめて、」「法の師の、世のことわり説き聞かせむ所の心地するも、」「かの人々の　捨てがたくとり出でしまめ人には」「この人の　思ふらむことさへ」「かの人の　思ふらん心の中いかならむ」「聖徳太子の　百済より得たまへりける金剛子の」

人名詞以外

　「松の　思はむことだに」「世の　うけひくまじきことなりければ」「山彦の　答ふる声」「狐などやうのものの、人をおびやかさんとて」「南殿の鬼の　なにがしの大臣おびやかしけるたとひを」

　主体動作客体変化動詞の主語標示においてはノ格も非常に高い割合で人名詞を主語とするのであるが、人名詞以外の名詞もわずかながらみとめられる。用例は上記のとおりである。人名詞のみを主語とするガ格とは異なる点である。
　また、主体動作動詞の主語標示と同様に、人名詞の下位区分においてガ格との相違がみとめられる。ガ格の標示する人名詞は一人称代名詞「わ」、固有名詞などの特定性の高い人名詞である。それに対し、ノ格の標示する人名詞は「人」「世人」「人々」といった普通名詞や複数人名詞などの特定性の低い人名詞を多く主語標示し、ガ格に比べて用法の広さがうかがえる。
　固有名詞はノ格においてもガ格においてもみとめられるのであるが、ガ格における固有名詞が「右近」「犬君」などの身近な存在をあらわす傾向があるのに対して、ノ格における固有名詞は「聖徳太

子」「職女」などのような歴史上、伝説上の人物をあらわす傾向があり、ガ格標示される固有名詞にくらべ、実体性の低さがうかがえる。

1.8.4　主語名詞の語彙的意味における類似性と相違性

ハダカ格の用法との対照から、ノ格とガ格は主体動作客体変化動詞の主語標示として多く用いられ、その場合、人名詞を主語標示する傾向の高い点で類似性がみとめられる。

しかし、むすびつく動詞のタイプごとに詳細に両形態の用法を対照すると、主体変化動詞の主語標示において両者はふるまいを大きく変える。ノ格は人名詞のほかにも現象名詞、動物名詞、自然物名詞などを広く主語とする。それに対し、ガ格は他の動詞の場合と同様に人名詞のみを主語とする*17。

また、人名詞の下位区分においても異なりがみとめられた。ガ格は一人称代名詞（「わ」）や固有名詞（「犬君」）を多く主語とし、特定性の高い人を指し示す名詞を主語とする傾向があるのに対し、ノ格は固有名詞も主語とすることはあるものの、普通名詞（「人」「世」）、複数人名詞（「人々」）などを主語とする傾向がみとめられ、ガ格によって標示される人名詞に比べて特定性が低い人名詞を主語とするといった相違が指摘できる。

1.9　おわりに

以上のように、平安期日本語における主語標示としてのノ格とガ格について、その用法上の差異を検討してきたのであるが、検討をまつまでもなく両者の間には用例数において大きな異なりがある。ガ格の主語標示用法は、用例が非常に少なく、また、用法としての多様性にも乏しい。現代日本語における主語標示の用法を考える上で、このことは主語標示のガ格の重要な特徴の一つといえるだろう。

用例数における差異を前提としたうえで、ノ格とガ格の主語標示としての用法に焦点をあてて対照すると、これまでに述べてきたような類似性と相違性とを指摘することができ、それらをまとめると以下のようになる。

	ノ格	ガ格
動詞のタイプ	主体動作客体変化動詞・主体動作動詞・主体変化動詞	主体動作客体変化動詞
名詞の語彙的意味	人（不特定性）・動物・現象	人（特定性）
構文的環境	連体形従属節	連体形従属節

　このように、ノ格とガ格はハダカ格との対照において類似した主語標示機能をもつが、以下の点で差異がみとめられる。
- ガ格が主体動作客体変化動詞の主語標示に用例分布の偏りがみられるのに対し、ノ格は主体動作客体変化動詞の主語標示を中心に主体動作動詞や主体変化動詞の主語標示としても用いられ、用例分布の広がりがみとめられること
- 名詞の語彙的意味の面で、ガ格が人名詞を限定的に主語標示するのに対しノ格は人名詞を中心としながらも、現象名詞や動物名詞、自然物名詞などを主語標示し、広い用法をもつこと
- 人名詞の下位区分として、ガ格は特定性の高い人を主語とするのに対し、ノ格は特定性の比較的低い人を主語とすること
- 両形態は主体動作客体変化動詞の主語標示および連体形従属節内の主語標示としての用例が多くみられる点で類似するが、ガ格においてはどちらか一方の機能が優先されることはないのに対し、ノ格においては連体形従属節の主語標示としての機能が優先されること

2. 人名詞を主語標示する場合のノ格とガ格の相違

2.1　人名詞の文法的意味区分

　第1節ではノ格とガ格の両形態が人名詞を主語標示する場合、ノ格は「人の」「世人の」などのように特定性の低い名詞を多く標示するが、ガ格は「わが」「惟光が」のように特定性の高い人名詞の標示に偏りがみとめられることを指摘した。本節ではこれを受けて、人名詞の「特定性」について文法的意味および指示的意味の両面から整理する。野村剛史（1993a, b）では「実体性」「属性性」という概念からノとガの差異を指摘しており、これは本節における

「特定性」と関わる。本節では両形態の主語標示が名詞の語彙的意味のうえで相違をみせること、また、ガ格が人名詞を主語標示する点に特徴をもつことから、人名詞の文法的意味に焦点をあて、ノ格とガ格の相違についてより詳細に検討をおこなう。

　他の条件をそろえるため、句の機能のタイプ、むすびつく動詞のタイプの両面でノ格およびガ格の主語標示が特徴的に現れ、かつ、ハダカ格の主語標示との対立がみとめられる連体形従属節・主体動作客体変化動詞の主語標示に限定して対照する。主語標示機能のなかではかなり限られた範囲をとりあげることになるが、連体形終止法の一般化、ガ格主語標示の定着化といった古代語から現代語への変化を考えるうえでも意義のあるものと思われる。

　なお、人名詞は鈴木重幸（1972）の文法的意味区分を参考にし、①代名詞、②固有名詞、③普通名詞、④複数名詞・集合名詞にわけて考える。以下、主語名詞句の3形態（ハダカ格、ノ格、ガ格）の各用例を、上記意味区分に沿ってしめす。分類番号は用例末尾に記す。

2.1.1　ハダカ格

1k「…かしこく教へたつるかなと思ひたまへて、われ＊18　たけく言ひそしはべるに、すこしうち笑ひて、…」（帚木）①

2j　惟光　入りて、めぐるめぐる人の音する方やと見るに、いささかの人げもせず。（蓬生）②

3j　世の人　なびき仕うまつること、昔のやうなり。（澪標）③

4j　かの大弐の北の方　上りて驚き思へるさま、侍従が、うれしきものの、いましばし待ちきこえざりける心浅さを恥づかしう思へるほどなどを、いますこし問はず語りもせまほしけれど、…（蓬生）③

5j　例の女ばら、「いかがはせん。そこそは世の常のこと」とて、取り紛らはしつつ、目に近き今日明日の見苦しさをつくろはんとする時もあるを、（蓬生）④

6j　帝　おりゐさせたまはむの御心づかひ近うなりて、この若宮を

坊に、と思ひきこえさせたまふに、…（紅葉賀）③
7j さぶらひにまかでたまひて、<u>人々</u>　大御酒などまゐるほど、
　　（桐壺）④
8j 木高き紅葉の蔭に、<u>四十人の垣代</u>、いひ知らず吹き立てたる物
　　の音どもにあひたる松風、まことの深山おろしと聞こえて吹き
　　まよひ、…（紅葉賀）④

　主体動作客体変化動詞におけるハダカ格主語における人名詞の割合は62例中61例と非常に高い。下記表にしめしたように、人名詞の文法的意味区分において、ハダカ格は代名詞から複数・集合名詞まで広く用いられるが、その多くは一般性の高い普通名詞や複数名詞であり、なかでも普通名詞への用例の偏りがみとめられる。
　ハダカ格は、主体動作客体変化動詞の主語標示において人名詞への偏り方が顕著である点でガ格と類似しているが、人名詞の文法的意味区分からみた分布の様相は普通名詞や複数名詞を多く標示する点で後述するノ格と類似する。
　なお、「大臣」「后」「帝」などは普通名詞であるが、指示的意味により固有名詞に準じた用いられ方をしていることが多い。「かの大弐の北の方」のように規定成分にかざられ、高い指示性をおびる場合もある。

表5　ハダカ格（主体動作客体変化動詞の主語62例中人名詞61例）

文法的意味区分	①代名詞	②固有名詞	③普通名詞	④複数・集合名詞*19
用例数	1	2	44	14

2.1.2　ノ格

9s 「いさや、ここの人目も見苦しう、<u>かの</u>　思さむことも若々しう、
　　出でゐんが今さらにつつましきこと」と思すに、…（賢木）①
10k 「よろづのこと、ありしにもあらず変りゆく世にこそあめれ、
　　<u>戚夫人の</u>見けむ目のやうにはあらずとも…」（賢木）②
11s かの下が下と<u>人の</u>　思ひ捨てし住まひなれど、その中にも、思
　　ひのほかに口惜しからぬを見つけたらばと、めづらしく思ほ
　　すなりけり。（夕顔）③

12j　世の人の　思へる寄せ重くて、おぼえことにかしづけり。(賢木) ③

13j　院の　思しのたまはせしさまのなのめならざりしを思し出づるにも、…(賢木) ③

14k　「世は尽きぬるにやあらむ。…故宮の　思さんところによりてこそ…」(薄雲) ③

15j　この殿の　蔵人になしかへりみたまひし人なれば、いとも悲し、いみじと思へども、また見る人々のあれば、聞こえを思ひて、しばしもえ立ちとまらず。(須磨) ③

16j　人々の　語りきこえし海山のありさまを、はるかに思しやりしを、…(須磨) ④

17j　親たちの　かく思ひあつかふを聞くにも、似げなきことかな、と思ふに、ただなるよりはものあはれなり。(明石) ④

18j　黒貂の皮ならぬ絹綾綿など、老人どもの　着るべき物のたぐひ、かの翁のためまで上下思しやりて、奉りたまふ。(末摘花) ④

　ノ格においても主体動作客体変化動詞の主語標示における人名詞の割合は 173 例中 154 例と高く、他の形態と同様であるが、他の 2 形態に比べると用例の偏り方はやや緩やかである。人名詞のなかでは、「人」「人々」などの一般性の高い人名詞や複数人名詞に偏りをもちながら、代名詞から複数・集合名詞まで人名詞全般を主語標示する点においてハダカ格の分布と類似する。中でも「人」は 40 例ほどみとめられ、普通名詞への偏りが顕著である。

　「このすき者」「あのつらき人」のように普通名詞が規定成分にかざられて特定性が高められることもあるが、ノ格の場合、「かの尼君などの」「継母の北の方などの」のように接尾辞「など」を伴って特定性があえて低められることが多い。

表6　ノ格（主体動作客体変化動詞主語 173 例中人名詞 154 例）

文法的意味区分	①代名詞	②固有名詞	③普通名詞	④複数・集合名詞
用例数	1	4	133	16

2.1.3 ガ格

19s 中宮、御目のとまるにつけて、春宮の女御のあながちに憎みたまふらむもあやしう、<u>わが</u> かう思ふも心うしとぞ、みづから思しかへされける。(花宴) ①

20k 「<u>おのが</u>、いとめでたしと見たてまつるをば、尋ね思ほさで、かくことなることなき人を率ておはして、…」(夕顔) ①

21j <u>公茂が</u> 仕うまつれるが、といみじきを奉らせたまへり。(絵合) ②

22k 「…<u>阿倍のおほしが</u> 千々の金を棄て、火鼠の思ひ片時に消えたるもいとあへなし。…」(絵合) ②

23k 「…いとよく隠したりと思ひて、<u>小さき子どもなどのはべるが</u>、言あやまりしつべきも言ひ紛らはして、…」(夕顔) ③

24j 惟光尋ねきこえて、御くだものなど参らす。<u>右近が</u> 言はむこと、さすがにいとほしければ、近くもえさぶらひ寄らず。(夕顔) ③

表7 ガ格（主体動作客体変化動詞主語 21 例中人名詞 21 例）

文法的意味区分	①代名詞	②固有名詞	③普通名詞	④複数・集合名詞
用例数	11	4	6	0

　主体動作客体変化動詞のつくるむすびつきのなかで人名詞を主語標示する場合において他の 2 形態の主語標示と対照すると、ガ格は人名詞の占める割合がきわめて高く、人名詞の文法的意味区分における分布の様相においても他の 2 形態とは大きく相違する。ハダカ格やノ格は普通名詞を中心に分布しており、代名詞や固有名詞を標示しにくい傾向があるのに対し、ガ格は他の 2 形態が標示しにくい代名詞や固有名詞を積極的に主語標示する。ハダカ格とノ格は一般性の高い人名詞を、それに対してガ格は特定性の高い人名詞を積極的に主語標示する傾向があるといえる。

　しかし、人・普通名詞の主語標示には、ハダカ格やノ格だけでなくガ格が用いられる場合も 21 例中 6 例みとめられ、なお、異なる観点からの検討を要する。

2.2 人・普通名詞における特定性

　以下にあげるのはハダカ格の場合であるが、人・普通名詞には用例（25）のように規定成分にかざられることによって特定性が付与される場合と、用例（26）のように規定成分をともなわずに指示的意味により高い特定性をそなえる場合とがみとめられる。

25j <u>かの大弐の北の方</u>　上りて驚き思へるさま、侍従が、うれしきものの、いましばし待ちきこえざりける心浅さを恥づかしう思へるほどなどを、いますこし問はず語りもせまほしけれど、…（蓬生）

26j <u>帝</u>　おりゐさせたまはむの御心づかひ近うなりて、この若宮を坊に、と思ひきこえさせたまふに、…（紅葉賀）

　用例（26）における「帝」は文法的意味区分のうえでは特定性をもたない普通名詞であるが、指示的意味において特定性がみとめられる。

　ガ格主語標示における人・普通名詞の用例には、上記の用例（23）、（24）のほかに、（27）「侍従が」、（28）「母君の御祖父、中務宮と聞こえるが」、（29）「かのむげに息も絶えたるやうにおはせしが」、（30）「やむごとなき方のおぼつかなくて、年月を過ぐしたまふが」などの用例（4例）がある。「右近が」「侍従が」などの普通名詞のみの形のものは指示的意味における特定性をそなえている。また、ガ格には準体句節の主語が多くみとめられるが、これらは規定成分によって特定性を付与される場合に準ずるものとみることができる。さらに、用例（29）のガ格名詞は葵の上の様子をあらわしており、用例（30）では紫の上のことをさしていると文脈からわかるが、この場合、規定成分にかざられることによるだけでなく指示的意味によっても特定性が付与されているとみることができる。

　文法的意味区分においては普通名詞でありながら、規定成分をともなったり指示的意味を有したりすることで特定性がみとめられる用例は、人・普通名詞全体のなかで以下の割合であらわれる。

人・普通名詞：216例中
　　ハダカ格：29例／58例（50%）
　　ノ格　　：70例／152例（46%）
　　ガ格　　：6例／6例（100%）
　ハダカ格、ノ格についてはおよそ半数において特定性がみとめられ、ガ格は用例が少ないものの調査範囲におけるすべての人・普通名詞において特定性がみとめられるというように、ハダカ格とノ格が類似し、ガ格と対立の様相をみせる。

2.3　おわりに
　以上のように、連体形従属節における主体動作客体変化動詞の主語標示に限定し、人名詞の「特定性」の面からノ格とガ格を対照することにより、人名詞は代名詞や固有名詞などの場合はガ格によって、また、普通名詞の場合にはノ格によって主語標示される傾向がみとめられる*20 というように、文法的意味区分においてより特定性の高い名詞がガ格で標示される傾向のあることが明らかになった。さらに、ガ格は人・普通名詞の主語標示にも用いられるのであるが、この場合の主語名詞は、規定成分をともなったり指示的意味を有したりすることによって高い割合で特定性がみとめられることが確かめられた。
　前節、本節をとおして、ハダカ格との対照のうえで相対的類似性をもつノ格およびガ格の主語標示機能について複数の側面から機能上の差異を指摘してきた。前節においてしめしたようにノ格とガ格は主体変化動詞の主語標示においては周辺的な機能を担い、主体動作客体変化動詞の主語標示として積極的に用いられている。平安期日本語におけるノ格とガ格の主語標示の用法はハダカ格の機能と対立し、相対的類似性を保ちつつ、用法の広さ／狭さ、主語名詞の語彙・文法的意味および指示的意味における一般性／特定性といった対立をもつことによって機能分担していたものと考えられる。

3. 平安期日本語における対象語標示のヲ格再考
形態論および統語論的側面から

3.1 はじめに

平安期日本語におけるヲ格の用法については、従来、文体的側面および文法的側面から多くの指摘がある*21。しかし、古代語のヲ格に積極的に対象語標示機能をみとめる立場がとられることは少なく、対象語標示の形態としてより一般的に用いられるハダカ格との対照的な研究は見過ごされてきた感がある。ふたつの形態を同じ「対格」構造のなかでとりあげた研究としては、Miyagawa. S（1989）、金水敏（1993）があり、本節でも後に紹介するが、Miyagawa（1989）でとりあげられた対象語語形（ハダカ格／ヲ格）の「相補分布」については、金水（1993）に指摘のあるように、ただちには首肯し難い点も含まれており、慎重に検討する必要がある*22。

筆者はこれまで、平安期日本語の対象語標示の主要形態であるハダカ格とヲ格について、おもに語彙・文法的側面からその機能分担の様相について対照・記述的研究をすすめてきた。両形態の対象語標示には動詞の語彙・文法的側面における作用性や名詞の語彙・文法的側面における自発的運動性に応じて機能分担がみとめられ、ヲ格は作用性や自発的運動性において有標対象語*23 を標示する傾向がある（拙稿1999、2000、2005aなど）。本節ではこれまでにとりあげてきた機能とは異なる側面（語構造上の形態および統語上の側面）に焦点をあて、平安期日本語における対象語標示のヲ格の機能について再検討をおこなう。

3.2 語彙・文法的側面における有標対象語とヲ格

平安期日本語における対象語標示のヲ格が語彙的意味のうえで有標対象語を標示するということの一般性は次のように現れる。すなわち、ヒト類名詞句、コト類名詞句*24 、自然物・自然現象類名詞句などの自発的運動主体として表現される名詞は主体表現として現れる傾向をもつが、これらの名詞群が客体表現として現れる場合

にその標示形態としてヲ格が高い割合でみとめられる。反対にモノ類名詞句のような自発的運動主体として表現されにくい名詞は客体表現として現れる傾向をもつが、このような名詞句が客体表現として現れる場合にはその標示形態としてヲ格は用いられにくい。ヲ格のこのような機能上の傾向は動詞を述語とする場合の主体・客体表現全般に広くみとめられる。

3.3　問題の所在

本節では平安期日本語におけるヲ格の一般的機能である語彙・文法的側面における有標対象語の標示という機能から逸脱する用法について、他の異なる文法的側面から検討をおこない、その要因について考察を加える。対象語標示機能をになうヲ格が常に語彙・文法的意味における有標対象語を標示するのであれば、以下に示すような用例は例外とみなさざるをえない。

1j　ありつる小袿を、さすがに御衣の下にひき入れて、大殿籠れり。小君を御前に臥せて、よろづに怨み、かつは語らひたまふ。（空蝉）

上記用例では対象語はモノ類名詞句であり、自発的運動主体として表現されにくい名詞である。また、対象語は動詞「ひき入れて」と対応しており、直接的な作用対象となっている。対象語は客体表現として無標対象語と捉えられるが有標形態であるヲ格によって標示されている。

2j　御文の師にて睦ましく思す文章博士　召して、願文作らせたまふ。その人となくて、あはれと思ひし人の、はかなきさまになりにたるを、阿弥陀仏に譲りきこゆるよし、あはれげに書き出でたまへれば、（夕顔）

上記用例では対象語はヒト類名詞句であり、自発的運動主体として表現されやすい名詞である。また、対象語は動詞「召して」と対応しており、態度のむかう対象をあらわしている。このような対象語は客体表現として有標対象語と捉えられるが無標形態であるハダ

カ格で標示されている。

　上記2例における対象語は語彙的意味のうえでの有標性と形態面での有標性とが一致していない。平安期日本語における対象語標示のヲ格の機能上の一般性から逸れるこのような用法は決して例外的なものといえず、このような用法のみとめられる背景については一般性をもった用法との対比のなかで検討していく必要がある。

　本書ではこれまで、平安期日本語の動詞を述語とする場合の主体・客体表現のなかでヲ格が担う対象語標示機能の語彙的意味の側面を中心にとりあげてきた。本節ではこれをふまえながら、語構造上の形態および統語的側面から平安期日本語のヲ格対象語の有標性について検討を加えることとする。

3.4　対象語名詞句の語構造上の形態とヲ格

　本節ではヲ格の対象語標示の機能について、以下の側面から検討をおこなう。

　　1　対象語名詞句の語構造上の形態とヲ格の現れ
　　2　文構造における述語動詞との位置関係（語順）とヲ格の現れ*25

　はじめに、対象語名詞句の語構造上の形態とヲ格の現れとの関連性を検討するにあたり、対象語名詞句を単純名詞句形態と準体句形態とに区分する。名詞句形態の対象語の用例はこれまでにもとりあげているため、ここでは準体句形態の対象語の用例のみを挙げる。

ハダカ格

3k　中の品のけしうはあらぬ　選り出でつべきころほひなり。（帚木）

4k　灯ほのかに壁に背け、萎えたる衣どもの厚肥えたる、大いなる籠にうちかけて、引きあぐべきものの帷子などうちあげて、今宵ばかりやと待ちけるさまなり。（帚木）

5k　よく鳴る和琴を調べととのへたりける、うるはしく掻きあはせたりしほど、（帚木）

6k　さる便りありて、かすめ言はせたりける、後にこそ聞きはべりしか。（帚木）

7s 君はのどやかにながめたまひて、かの中の品にとり出でて言ひし、このなみならむかしと思し出づ。(帚木)

ヲ格
8j うつくしげなる人、いたう面痩せて、いとあはれとものを思ひしみながら、言に出でても聞こえやらず、あるかなきかに消え入りつつものしたまふを、御覧ずるに、(桐壺)
9j 先帝の四の宮、母后世になくかしづききこえたまふを、上にさぶらふ典侍は、先帝の御時の人にて、かの宮にも親しう参り馴れたりければ、いはけなくおはしましし時より見たてまつり、今もほの見たてまつりて、(桐壺)
10j 高麗人の参れるなかに、かしこき相人ありけるを　聞こしめして、…(桐壺)
11j 御前の壺前栽の、いとおもしろき盛りなるを、御覧ずるやうにて、(桐壺)
12j 上も御涙の隙なく流れおはしますを、あやしと見たてまつりたまへるを、(桐壺)
13j 今までこの君を親王にもなさせたまはざりけるを、相人はまことにかしこかりけり、と思して、(桐壺)

　準体句形対象語の標示形態として、ハダカ格は若干の用例がみとめられるのみであり、大半がヲ格で現れる点が先ず特徴としてあげられる。さらに、ヲ格の準体句形対象語はハダカ格の場合にくらべ、語構造上の形態がより長大かつ複雑になる傾向が指摘できる。上掲の用例8〜13におけるヲ格の準体句形対象語はその内部に従属節成分としての主語や述語、対象語などを含みもち、用例3〜7のハダカ格の準体句形対象語とくらべて語構造上の形態が長大かつ複雑になっている。
　下記表は『源氏物語』桐壺巻〜夕顔巻において、対象語の名詞句構造と語形態のあらわれについて調査した結果をまとめたものである*26。

表8

格形態 構造上の形態	ヲ格	ハダカ格	計
名詞句	398	301	699
準体句	113	8	121
計	511	309	820

　表から、単純名詞句形の場合、対象語標示にはヲ格とハダカ格が双方ともに広く用いられているのに対し、準体句形対象語の場合にはハダカ格はほとんど用いられることがなく、ヲ格に偏って分布がみとめられることがわかる。準体句形対象語は名詞を顕在させない形態であること、連体形が文および句の両可能性を具えていることなどから、単純名詞句形対象語に比べて名詞句としてのひとまとまり性の弱い形態であるといえる。また、準体句内部に従属節成分としての主語、対象語、述語、修飾語などがふくまれやすいことも、準体句形対象語を主節の対象語として把握することを困難にする要因と考えられる。ヲ格は準体句形対象語のように主節の対象語として捉えにくい場合、また、名詞句としてのひとまとまり性の弱い場合などに対象語としての形態を与え、明示する機能を具えていたものと考えることができる。

3.5　文構造における述語動詞との先後関係（語順）とヲ格の現れ

　次に、ヲ格対象語と述語動詞との位置関係（語順）について検討をおこなう。日本語における文の成分相互の先後関係は比較的緩やかであるとされるが、本節でとりあげる対象語名詞と述語動詞との語順は文の成分相互の関係性のなかでは相対的に堅い部類にふくまれることが指摘されている（佐伯哲夫1998『要説　日本文の語順』）。

　本節の調査対象である平安期日本語においては文の成分同士の語順と対象語名詞の語形態との相関性がみとめられる。より具体的に述べるなら、ハダカ格対象語の場合は下記用例のように、通常語順

に従いながら述語動詞に対して前接される傾向が極めて高くなっている。
14k「<u>隣のこと知りてはべる者</u>　呼びて」（夕顔）
15j「右近、<u>大夫のけはひ</u>　聞くに、」（夕顔）

　一方、ヲ格対象語の場合、相対的にその対象語は通常語順とは異なる位置に現れる傾向がみとめられる。ヲ格対象語は述語動詞に前接されず、対象語と述語動詞との間に主節成分や挿入句などのさまざまな成分が介在する傾向がみとめられ、両者の間には遠隔性が生じやすい。対象語のあとに主節主語がおかれて倒置語順になる場合もある。
　以下、ヲ格対象語と主節の述語動詞との文中における位置関係について、単純名詞句形対象語と準体句形対象語の場合とに区分して検討をおこなう。

3.5.1　単純名詞句形対象語の場合
　主節の対象語と述語動詞との位置関係は対象語が先行し、この先後関係が崩れることは原則的にないことから、主節の対象語と述語動詞との文中における位置関係を確認する方法として、本節では他の主節成分の介在の有無を一つの目安とする。
　はじめにハダカ格対象語の場合からとりあげると、ハダカ格で現れる単純名詞句形の対象語と主節の述語動詞との間における他の主節成分の介在の有無は以下のとおりである。
〈ハダカ格、単純名詞句形〉
　　他の主節成分の介在あり…39例
　　他の主節成分の介在なし…262例

　下記用例16、17において、対象語は主節の述語動詞に対して前接されている。ハダカ格対象語はこのような通常語順をとって現れる傾向が極めて高い。
16k　<u>隣のこと知りてはべる者</u>　呼びて、問はせはべりしかど、（夕顔）

17j 右近、大夫のけはひ 聞くに、はじめよりのことうち思ひ出でられて泣くを、(夕顔)

　ハダカ格対象語と述語動詞との間に他の主節成分が介在する用例は 39／301 例であり、相対的に少なく、介在例の大半は以下の用例のような修飾成分介在型である。

18k 「…『この人の宮仕の本意、かならず遂げさせたてまつれ。我亡くなりぬとて、口惜しう思ひくづほるな』と、かへすがへす諫めおかれはべりしかば、…」(桐壺)

19k 「…手走り書き、をりふしの答へ 心得てうちしなどばかり…」(帚木)

　続いてヲ格対象語についてみていく。ヲ格の場合、主節の対象語と述語動詞との間における他の主節成分の介在の有無は以下のとおりである。他の主節成分の介在をもつ用例は持たない用例のおよそ 3 分の 1 程度みとめられ、その割合はハダカ格対象語と比べて相対的に高くなっている。

〈ヲ格、単純名詞句形〉
他の主節成分の介在あり…99 例
他の主節成分の介在なし…299 例

　ヲ格対象語の場合、述語動詞との間に主節成分としての主語（用例 20、23）や修飾語、引用句や条件句などの各種挿入句など、多様な介在成分がみとめられ（用例 21、22、23）、そのことにより対象語名詞句と述語動詞との位置関係に遠隔性が生じている。主節主語が介在する場合、語順としては対象語に後置されることになるため、通常語順からは逸れることになる。ハダカ格においてみとめられるような通常語順の高い拘束性はヲ格対象語においてはそれほど機能しておらず、その分、述語動詞と対象語名詞句との文法的関係性は把握しにくいものとなっているといえる。この他にも下記用例すべてにみられるように、ヲ格には対象語名詞句が規定語をともなって長大化する傾向もみとめられ、やはり述語動詞との文法的関

係性は把握しにくい場合が多い。
20j 人がらのあはれに、情ありし御心を、上の女房なども恋ひしのびあへり。(桐壺)
21k 亡せたまひにし御息所の御容貌に似たまへる人を、三代の宮仕に伝はりぬるに、え見たてまつりつけぬを、(桐壺)
22j 見入れのほどなくものはかなき住まひを、あはれに、いづこかさしてと思ほしなせば、玉の台も同じことなり。(夕顔)
23j 限りあれば、例の作法にをさめたてまつるを、母北の方、同じ煙にのぼりなむと、泣きこがれたまひて…、(桐壺)

　前述のように、ハダカ格対象語の大半は通常の語順規則に従いながら述語動詞に前接して現れており、述語動詞との間の語順規則による拘束性は相対的に強固なものになっている。ハダカ格と比べた場合のヲ格対象語の特徴を整理すると以下のようになる。
① 文中における述語動詞との位置関係において遠隔性がみとめられる
② ハダカ格対象語の場合に比べて語順規則による拘束性が緩やかである
③ 対象語名詞句が規定語をともなって長大化する傾向がみとめられる

　以上から、ヲ格対象語はその形態的特徴がなければ、ハダカ格対象語に比べて述語動詞との文法的関係性が捉えにくいという性質を具えていることがわかる。

3.5.2　準体句形対象語の場合
　前述のように、今回の調査範囲では準体句形対象語はハダカ格に8例、ヲ格に113例みとめられ、両形態の分布傾向の差異は明らかである。準体句形対象語は名詞句を顕在化しないという形態的特徴においてすでに対象語としての不明瞭性を内在させているといえるだろう。このことは名詞句形対象語においてみとめられたヲ格の特徴とも符合する。

準体句形の対象語が主節成分としてハダカ格で現れることは非常に少ないため数的比較は参考程度にしかならないが、述語動詞との間における他の主節成分の介在の有無をしめすと以下のようになる。
〈ハダカ格　準体句形対象語〉
　他の主節成分の介在あり…5 例
　他の主節成分の介在なし…3 例

　ハダカ格対象語が述語動詞との間に他の主節成分の介在を許容する場合について詳しくみると、「すこしは」「いま一たび」「うるはしく」等の修飾語介在型が大半を占め、他成分の介在例も若干ずつみとめられるが、挿入句を介在する例はほとんどない。
　これに対し準体句形のヲ格対象語は、下記用例 24〜28 のように主節の述語動詞と対象語の間に条件句や引用句等の挿入句をともなう用例が多くみとめられ、むしろこのような用例が大半をしめている。

24s　かの中の品にとり出でて言ひし、このなみならむかしと思し出づ。（帚木）
25j　限りあれば、例の作法にをさめたてまつるを、母北の方、同じ煙にのぼりなむと、泣きこがれたまひて、（桐壺）
26j　わが御世もいと定めなきを、ただ人にておほやけの御後見をするなむ、行く先も頼もしげなめることと思し定めて（桐壺）
27j　先帝の四の宮の、御容貌すぐれたまへる聞こえ高くおはします、母后世になくかしづききこえたまふを、上にさぶらふ典侍は、先帝の御時の人にて、かの宮にも親しう参り馴れたりければ、いはけなくおはしまししより見たてまつり、今もほの見たてまつりて、（桐壺）
28j　いとあはれなるおのがじしの営みに、起き出でてそそめき騒ぐもほどなきを、女いと恥づかしく思ひたり。（夕顔）

　ヲ格対象語と述語動詞との間における他の主節成分の介在の有無は以下のとおりである。

〈ヲ格　準体句対象語〉
　他の主節成分の介在あり…46例
　他の主節成分の介在なし…67例

　ヲ格が主節の述語動詞との間に他の主節成分の介在を許容する場合、修飾語介在型（用例28）が多くみとめられる点はハダカ格対象語と同様であるが、用例26、27にみられるような引用句や条件句などの挿入句介在型が多くみとめられること、また、主節主語が介在して倒置語順になる主語介在型（用例25、28）もみとめられ、その介在の仕方はハダカ格対象語の場合に比べて多様である。他の主節成分の介在例として、修飾成分介在型についてとりあげるなら、ハダカ格の場合には一語の副詞や形容詞等の単独成分の介在が多いのに対し、ヲ格の場合には「なかなかさまかへて」「いよいよあかずあはれなるものに」「この世の人には違ひて」などのように複数の修飾語が重用されたり引用句相当の成分が含まれたりするなど、その介在成分はより複雑な様相をみせる。
　以上述べてきたハダカ格の準体句対象語と比較した場合のヲ格の準体句対象語の特徴を整理すると以下のようになる。
①ヲ格対象語は主節の述語動詞に前接されることは少なく、文中において述語動詞から遠隔した位置におかれる傾向がみとめられる
②主節の対象語と述語動詞とのあいだには引用句をはじめとする多様な挿入句を介在させる傾向がみとめられる
③対象語となる準体句内部に複数の修飾語を含みもつなど、構造上の形態がより複雑になる傾向がみとめられる

　上記の特徴はいずれも述語動詞との文法的関係性における把握の困難さと関わっている。ヲ格の準体句形対象語にみとめられるこれらの特徴はヲ格の名詞句形対象語においてみとめられた特徴と符合するものであるが、準体句形対象語において一層明らかなかたちで現れる。

3.5.3 Miyagawa. S（1989）、金水敏（1993）の検討

　Miyagawa. S（1989）には古代日本語の「対格」をあらわす形態格（ヲ格相当）と抽象格（ハダカ格相当）の現れが動詞の「語形態」（活用形相当）や動詞との「隣接性」の問題と相関することについての指摘がある。動詞の「語形態」の問題というのは連体形や已然形の場合には形態格を必要とし、終止形であれば抽象格が現れるとするものである。この点に関しては改めて後述するが、本節の調査では対象語と文法的関係性のある動詞の語形態（終止形／連体形・已然形）と名詞の語形態（ハダカ格／ヲ格）の現れに積極的な相関性は確認できない。「隣接性」の問題については、本節においても動詞と文法的関係性のある対象語が動詞に対して前接するか否かによってハダカ格とヲ格の現れに傾向上の差異がみとめられ、隣接性の問題とは無関係ではないことが確認された。ただし、本節ではさらに重要な要素として、「前接する」という具体的な隣接のありかたや、さらには対象語名詞の語構造上の形態の問題とも関わる文中の主節の述語動詞からみた位置などが名詞の語形態の現れに関与していることを指摘した。

　Miyagawa（1989）の指摘する動詞の語形態の問題は主節の動詞であるか従属節の動詞であるかの問題と関わるが、金水（1993）ではこのような観点からみると両形態の機能上の差異は「傾向としては存在すると認めてよいと思われる」が、反例がみとめられることから「相補分布するという主張は退けなければならない」（上掲論文 p.209）とされる。

　Miyagawa（1989）が従属節の述語の代表とみなす準体句形について平安期日本語における現れをみると、準体句形対象語がその内部に句（従属節）成分としてさらに対象語を含みもっている場合、以下のようにハダカ格で現れることがけっして少なくない。

ハダカ格（9例）
29k：「…親、聞きつけて、盃もて出でて、わが両つの途　歌ふを聴けとなん、聞こえごちはべりしかど…」（帚木）
30k：「…童にはべりし時、女房などの物語　読みしを聞きて、いとあはれに、悲しく、心深きことかなと、涙をさへなん落し

はべりし。…」(尋木)
31k:「…かの御あたり去らず、生ほし立てたまひしを思ひたまへ出づれば、…」(夕顔)

ヲ格 (8例)
32j:今までこの君を親王にもなさせたまはざりけるを、相人はまことにかしこかりけり、と思して、…(桐壺)
33j:皇子もいとあはれなる句を作りたまへるを、限りなくめでたまてまつりて、…(桐壺)
34k:「…しばしのほどに心を尽くしてあはれに思ほへしを、うち棄ててまどはしたまふがいみじきこと…」(夕顔)

　上記のように、準体句形の対象語が内部に含みもつ句(従属節)成分としての対象語の形態はハダカ格、ヲ格が同程度にみとめられ、どちらか一方の形態の有勢は判断し難い。このように、本節の調査においても、述語動詞が主節成分／従属節成分という問題と格形態との間には「相補分布」といえるほどの積極的な相関性はみとめられず、むしろ、対象語の語構造上の形態(準体句／名詞句)が対象語標示の形態と相関することが確かめられた。

3.6　ヲ格対象語の機能上の有標性

　本節では対象語の形態論的側面(語構造上の形態)および統語的側面(語順規則)から対象語標示のヲ格の特徴についてハダカ格との対照により検討をおこなった。結果を整理すると以下のようになる。

①単純名詞句形対象語の場合にはハダカ格、ヲ格ともに広く分布をみせるが、準体句形対象語の場合にはヲ格の使用率が著しく高い
②準体句形対象語は述語動詞との間に多様な成分を介在させる傾向があり、句構造の複雑性・長大化などがみとめられる
③日本語の語順規則において対象語成分は述語成分に前接されることが多く、ハダカ格対象語はこの語順規則に従って現れる傾向が高いのに対し、ヲ格対象語の場合には述語動詞との間に他の主節

成分の介在を許容し、結果的に文中において述語動詞から離れた位置におかれる傾向がある

3.7　おわりに

　平安期日本語における対象語標示の形態には語彙的意味との濃厚な相関性がみとめられ、ヲ格には語彙的意味における有標対象語の標示機能が広くみとめられる（拙稿2000、2004ほか）。しかし、今回の調査をとおして対象語標示のヲ格が語彙的側面にとどまらず形態論的側面（語構造上の形態）および統語的側面（語順規則）においても有標性をそなえていたことが確かめられた。

　本書をとおしてみてきた不明瞭な対象語名詞句を形づけ明示化するというヲ格の多面的な機能は歴史的な言語変化のなかで獲得されたものと考えられるが、その機能拡大の具体的な様相を追う作業は稿をあらためておこなうことにしたい。

＊1　本節は高山（2008b）「主語表示の名詞ノと名詞ガ」『対照言語学研究』18を加筆および改訂したものである。
＊2　松本（1982）では喜界島方言のガ格を「能格専用ではなく、属格（連体格）との共用」の格形態とみている。平安期日本語のノ格、ガ格もこのような観点にたって主語標示機能の側面から分析できるものと考えられる。
＊3　高山（2001）、（2003）、（2004）など
＊4　第7回日本語文法学会パネルセッション「日本語史における主語標示―その変遷と背景にあるもの―」における分担発表「絶対格的名詞―φの展開」
＊5　調査対象を『源氏物語』桐壺〜朝顔巻とし、テキストに日本古典文学全集（旧版）『源氏物語』1巻、2巻（小学館）を用いる。
＊6　「主体動作客体変化動詞」は他動詞に相当する。「主体動作動詞」は基本的に対象をもたない行為自動詞をさしている。本節では「主体動作主体変化動詞」もふくめている。「主体変化動詞」は変化自動詞をさしている。
＊7　ガ格は他の2形態に比べると用例が少なく、主語標示としての安定した機能を具えているとは言い難い。また、本書では文体的差異については詳細にとりあげていないが、ガ格主語は会話文のなかで多くみとめられる点においても他の2形態とは異なる。
＊8　高山（2003）の調査ではハダカ格449例中、次のような分布がみられる。「連体句」98例、「連用句」156例、「条件句」51例、「終止句」116例、「引用

句」28例。
*9 準体形句節および助辞後続の節などをここに含める。
*10 主節には連体形終止句、引用句なども含める。
*11 主体変化動詞の主語標示としてハダカ格が顕著にあらわれることは拙稿（2004）における調査で確認されている。
*12 従属節Bでは接続助辞バの受ける条件節が、主節では引用助辞トの受ける節が大半を占めている。
*13 高山（2008b）ではガ格においては主体動作客体変化動詞の機能が優先されるという見解をしめしたが、わずかな用例から一方の機能の優勢について判断できないものと考えられる。
*14 ハダカ格、ノ格、ガ格のいずれの形態においても、動詞のあらわす行為性が高くなると、人名詞主語の用いられる割合も高くなることから、行為性の高さと人名詞性との関連性がうかがえる。人名詞は主体動作客体変化動詞の主語標示としてもっとも高い割合で用いられ、次いで主体動作動詞の主語標示としても高い割合で用いられている。
*15 野村（1993b）には上代において一・二人称代名詞と固有名詞が助辞ガに上接しやすいとする指摘があり、本章の調査でも同様の傾向が見出せる。
*16 用法の広さの面で浅見（1956）における指摘と通じる。また、本書の「特定性」の高／低は野村（1993a,b）における「属性性」「実体性」に通じる。
*17 ハダカ格は主体変化動詞の主語標示においては人名詞をたてにくい点でノ格と類似するが、事名詞や現象名詞を主語とする自然発生的変化をあらわす傾向がみとめられる（高山2004）点でノ格とは異なる。
*18 反照代名詞的な用法もみとめられるが、本書ではこの問題にはふれないこととする。
*19 ③、④の境目は曖昧であるが、複数形接尾辞を伴っていたり、複数から構成されることが明らかである場合は④とする。
*20 本章であつかう名詞の「特定性」と主体動作客体変化動詞の主語として用いられる傾向については、Silverstein, M（1976）の名詞句階層における指摘と重なる。
*21 第2章第1節を参照されたい。
*22 後述するように、主節の動詞との隣接性と対象語語形についてはある一定の傾向が見出せるのであるが、主節動詞の語形態との積極的な相関性については本書の調査では確認されなかった。
*23 平安期日本語における対象語の形態としてハダカ格はより一般的に用いられており、ヲ格は心理・認識などの対象語標示や自発的な運動主体として表現されやすい名詞の対象語標示として偏りをもって用いられている。
*24 「ヒト類」「コト類」「モノ類」などはこれまで論じてきた「人名詞」「事名詞」「物名詞」などをより類型化した名詞のカテゴリカルな意味の名称として用いている。
*25 ヒト類名詞句の対象語については語順や名詞句構造の側面から論じたことがある（拙稿2008a）。なお、本節ではとりあげないが、文構造の成分の先後関係については文体論とも関わることが先行研究により指摘されている（佐伯1998）。

＊26　資料には日本古典文学全集（旧版）『源氏物語』第1巻（小学館）を用いた。範囲内における全数調査に基づく。韻律の影響がおよぶことも考えられるため、韻文の用例はあつかっていない。文体の別は用例の冒頭に次のように示した。例）地の文：j、会話文：k、心内文：s

参考文献

青木伶子（1952）「奈良時代に於ける連體助詞「ガ」「ノ」の差異について」『國語と國文學』339
青木伶子（1992）『現代語助詞「は」の構文論的研究』（笠間書院）
浅見徹（1956）「「廣さ」と「狹さ」―連體格助詞の用法について―」『万葉』20
浅見徹（1966）「単文主格の発達―中古仮名文学中の助詞「の」―」『國語國文』35-5
石垣謙二（1955）『助詞の歴史的研究』（岩波書店）
石綿敏雄（1999）『現代言語理論と格』（ひつじ書房）
大野晋（1977）「主格助詞ガの成立（上）（下）」『文学』45-6・7
奥田靖雄（1960）「を格のかたちをとる名詞と動詞とのくみあわせ」言語学研究会報告発表資料（『日本語文法・連語論（資料編）』（1983）に再掲載）
奥田靖雄（1968-1972）「を格の名詞と動詞とのくみあわせ」『教育国語』12・13・15・20〜23・25・26・28（『日本語文法・連語論（資料編）』（1983）に再掲載）
奥田靖雄（1984）「言語単位としての連語」『ことばの研究・序説』（むぎ書房）
奥津敬一郎（1967）「自動化・他動化および両極化転形―自・他動詞の対応」『国語学』70
小山敦子（1958）「頻度から見た目的格表示の「を」の機能と表現価値―源氏物語とその先行作品を資料として―」『国語学』33
影山太郎（1993）『文法と語形成』（ひつじ書房）
影山太郎（1996）『動詞意味論―言語と認知の接点―』（くろしお出版）
加藤重広（1997）「ゼロ助詞の談話機能と文法機能」『富山大学人文学部紀要』27
木之下正雄（1968）「対格表示の「を」について」『鹿児島大学教育学部研究紀要』19
木之下正雄（1979）「同格助詞の「の」について」『鹿児島女子短期大学紀要』14
木之下正雄（1980）「同格助辞「の」の変化」『鹿児島女子短期大学紀要』15
金水敏（1993）「古典語の『ヲ』について」仁田義雄編『日本語の格をめぐって』（くろしお出版）所収
金水敏（2001）「助詞から見た日本語文法の歴史」（文法学会 第3回集中講義資料）
草野清民（1899）「國語ノ特有セル語法―総主」『帝國文學』5-5
工藤真由美（1987）「現代日本語のアスペクトについて」『教育国語』91
工藤真由美（1995）『アスペクト・テンス体系とテクスト―現代日本語の時間の表現―』（ひつじ書房）
言語学研究会編（1983）『日本語文法・連語論（資料編）』（むぎ書房）
此島正年（1975）「格助詞「の」の論―その提示用法―」『國學院雑誌』76-6
小泉保（1982）「能格性―能格言語と対格言語」『言語』11-11
近藤泰弘（1989）「助詞「を」の分類―上代―」『國語と國文學』57-10
佐伯哲夫（1998）『要説　日本文の語順』（くろしお出版）

佐々木冠（2006）「格」小林隆編『シリーズ方言学2　方言の文法』（岩波書店）所収

佐々木冠（2008）「主語の格形式が二つあること―日本語方言における活格性」『言語』37-6

城田俊（1981）「格助詞の意味」『國語國文』40-4

城田俊（1989）「主体・客体の表現と名詞の格」『国文学 解釈と鑑賞』52

城田俊（1993）「文法格と副詞格」『日本語の格をめぐって』（くろしお出版）

須賀一好・早津恵美子 編（1995）『動詞の自他』（ひつじ書房）

壽岳章子（1958）「室町時代の「の・が―その感情價値表現を中心に―」『國語國文』27-7

鈴木重幸（1972）『日本語文法・形態論』（むぎ書房）

鈴木泰（1990）「自動詞と他動詞」『別冊国文学 38 古典文法必携』学燈社

鈴木泰（1992）『古代日本語動詞のテンス・アスペクト―源氏物語の分析―』（ひつじ書房）

鈴木泰（1997）「古典文法をどう見直すか」『日本語学』16-4

鈴木康之（1983）「連語とはなにか」『教育国語』73

鈴木康之（1989）「「名詞の──名詞」というとき」『国文学 解釈と鑑賞』52

鈴木康之（1992）「主語論をめぐって」『ことばの科学』5（むぎ書房）所収

高橋太郎 ほか（1998）『日本語の文法』（講義テキスト）（『日本語の文法』2005　ひつじ書房）

田中みどり（2003）『日本語のなりたち―歴史と構造―』（ミネルヴァ書房）

角田太作（1983）「「能格」現象をめぐって」『国文学 解釈と鑑賞』6月号

角田太作（1991）『世界の言語と日本語』（くろしお出版）

竹沢幸一・John Whitman（1998）『格と語順と統語構造』（研究社出版）

寺村秀夫（1982）『日本語のシンタクスと意味 第Ⅰ巻』（くろしお出版）

時枝誠記（1954）『日本文法 文語篇』（岩波書店）

仁田義雄 編（1993）『日本語の格をめぐって』（くろしお出版）

丹羽哲也（1989）「無助詞格の機能―主題と格と語順―」『國語國文』58-10

野村剛史（1993a）「上代語のノとガについて（上）（下）」『國語國文』62-2・3

野村剛史（1993b）「古代から中世の「の」と「が」」『日本語学』12-10

長谷川ユリ（1993）「話しことばにおける「無助詞」の機能」『日本語教育』80

松尾拾（1938）「平安初期に於ける格助詞「を」」『國語と國文學』15-10

松尾拾（1944）「客語表示の助詞「を」について」『橋本博士還暦記念 国語学論集』所収

松尾拾（1969）「を」『古典語・現代語助詞助動詞詳説』（学燈社）

松下大三郎（1928）『改撰標準日本文法』（紀元社）

松村明編（1969）『古典語 現代語 助詞助動詞詳説』（学燈社）

松本季久代（1976）「「を」の格表示機能の起源について―対象の限定―」『國文』45

松本泰丈（1982）「琉球方言の主格表現の問題点―岩倉市郎『喜界島方言集』の価値」『国文学 解釈と鑑賞』178-185

松本泰丈（1985）「奥田靖雄「を格の名詞と動詞とのくみあわせ」に学ぶ」『国文学 解釈と鑑賞』50-3

松本泰丈（1989）「人称代名詞をめぐって―奄美喜界島方言―」『国文学 解釈と鑑賞』52

松本泰丈（1990）「「能格」現象と日本語」『国文学 解釈と鑑賞』55-1

松本泰丈（1993）「名詞の「主体＝客体格」の用法と問題点―奄美大島北部方言（龍郷町瀬留）――」仁田義雄編『日本語の格をめぐって』（くろしお出版）所収

丸山直子（1996）「助詞の脱落現象」『言語』25-1

三上章（1953）『現代語法序説―シンタクスの試み―』（刀江書院）

三上章（1959）『新訂 現代語法序説―主語は必要か―』（刀江書院）

南不二男（1993）『現代日本語文法の輪郭』（大修館書店）

村木新次郎（1989）「動詞の結合能力からみた名詞」『国文学 解釈と鑑賞』52-2

村山七郎（1956）「万葉語の語源」『国文学 解釈と鑑賞』21-10

本居宣長（1779）『詞玉緒』、復刊 大野晋編（1976）『本居宣長全集』5（筑摩書房）所収

本居春庭（1828）『詞通路』、復刊（1902）『本居宣長全集』11（吉川弘文館）所収

森重敏（1948）「修飾語格小見―上代の助辞『な、に、の、が』（一）～（三）―」『國語國文』17-1, 3, 4

山田孝雄（1908）『日本文法論』（宝文館）

山田孝雄（1950）『日本文法学要論』（角川書店）

山田孝雄（1954）『奈良朝文法史』（宝文館）

山口巌（1995）『類型学序説』（京都大学学術出版会）

C.J. フィルモア 著／田中春美・船城道雄 訳（1975）『格文法の原理―言語の意味と構造』（三省堂）

G.A. クリモフ 著／石田修一 訳（1999）『新しい言語類型学―活格構造言語とは何か―』（三省堂）

Hopper, P. & S. Thompson (1980) Transitivity in grammar and discourse. *Language* 56

Miyagawa, S. (1989) Structure and Case Marking in Japanese. *Syntax and Semantics* Vol. 22, Academic Press

Silverstein, M. (1976) Hierarchy of features and ergativity. In R.M.W.Dixon (ed.). *Grammatical Categories in Australian Languages*.112-171.

高山道代（1999）「源氏物語におけるゼロ形式の対格表示性について」（平成10年度 修士論文）

高山道代（2000）「源氏物語におけるφ形式とヲ表示形式の対格表示機能について」『人間文化研究年報』23

高山道代（2001）「古代日本語のハダカ格について―源氏物語の用例を通して―」日本語文法学会発表（日本語文法学会　第2回大会予稿集）

高山道代（2003）「源氏物語における主格表現としてのハダカ格とノ格について」『人間文化論叢』5

高山道代（2004）「古代日本語におけるハダカ格について―源氏物語における主格と対格の分析から―」（平成15年度　学位論文）

高山道代（2005a）「古代日本語のヲ格があらわす対格標示の機能について―ハダカ格との対照から――」『国文学 解釈と鑑賞』70-7
高山道代（2005b）「古代日本語のハダカ格における語と語の関係性―統語構造上の関係と意味上の関係―」『國語と國文學』82-11
高山道代（2006）「絶対格的名詞―φの展開」日本語文法学会第7回大会パネルセッション「日本語史における主語表示―その変遷と背景にあるもの」分担発表（日本語文法学会 第7回大会予稿集）
高山道代（2007）「中古期物語かたりの文におけるヲ格の用法」『国文学 解釈と鑑賞』72-1
高山道代（2008a）「「伊勢物語」におけるヒト名詞－ヲに関する一考察―主体との関わりから―」『外国文学』57
高山道代（2008b）「主語表示の名詞ノと名詞ガ―源氏物語における用法から―」『対照言語学研究』18
高山道代（2010）「平安期日本語における動詞述語文の主語標示―ノ格とガ格のふるまいから」須田淳一・新居田純野編『日本語形態の諸問題』（ひつじ書房）

あとがき

　学部学生のころから続けてきた古代語の格に関する研究をまとめる機会を与えていただいたことに大変感謝している。筆者が古代語の研究をはじめたのは助辞の機能に興味を抱いたからであった。大学院入学後、指導教官の鈴木泰先生からご助言をいただき、助辞を用いない形態を中心に格標示機能について考えるようになった。本文でものべるように、古代日本語の格標示機能を探るうえでは助辞を用いない形態の問題ついて考えることが必要不可欠であり、この形態の機能について分析するためには有助辞形態の機能との比較、対照の必要があった。このようにして、有助辞形態と助辞を用いない形態の問題は切り離されないかたちで相互補完的に常に筆者の問題意識の中心となってきた。

　振り返ってみると、このようなかたちで自身の研究をみつめ直すことができるようになるまでにはずいぶんと長い時間を要した。研究をはじめた当初は分析方法に戸惑い、なかなか思うような成果をあげられずにいた。この種の研究対象の膨大さを目の当たりにし、研究を断念しかけたこともあった。それでもなんとか研究を続けてこられたのは、研究の門戸を開き、文法研究へと導いてくださっただけでなく、さまざまな人生の節目をあたたかく見守ってくださった鈴木先生の御蔭と思っている。先生にはこの場をお借りして心よりのお礼を申しあげたい。学会および研究会においても多くの恩恵を賜った。発表をとおして多くの方々に有益なご指摘やご助言をいただいた。勤務先の宇都宮大学国際学部からは出版の支援をいただいただけでなく、励ましの言葉も多くいただいた。これまで多くの方々に支えられてきたことに改めて深く感謝申しあげる次第である。

　本書の公刊にあたってはひつじ書房社長松本功氏に大変お世話になった。急な申し出にも関わらず出版の機会をあたえてくださり後押し

してくださったことに深謝申しあげる。また、このお話をいただいた当初から出版にいたるまでにさまざまな困難が生じたが、その都度親身に相談にのってくださりご支援くださった編集担当の森脇尊志氏はじめ編集部のみなさまに心より感謝申しあげる。

2014年2月

筆　者

索 引

あ

浅見徹　18
石垣謙二　18
位相制限　51
一人称代名詞　157, 158
ヴァレンツ理論　1
ヴィノグラードフ　3
遠隔性　171, 172, 173
大野晋　18
奥田靖雄　3

か

ガ格　143
かかわり　123, 124, 132
かかわり動詞　9, 137
格標示機能　5
影山太郎　4
活格　116, 126
活性　116, 126
間投助辞　15
木之下正雄　16
客体表現　96
客体変化　21, 97
言語学研究会　3
言語類型　116
言語類型学　126
語彙的意味　22, 96
語彙・文法的意味　165
行為者格　120, 126
広義の「現象」　121
項構造規則　1, 4
語構造上の形態　168, 177
語順　168, 170

語順規則　173, 177
事の変化　22, 33
小山敦子　16
固有名詞　157, 165
近藤泰弘　16

さ

再帰的な表現　69
作用性　129, 132
使役の接尾辞　42
指示的意味　161, 164
自然現象　40
実体性　159, 179
自発的運動主体　137, 167
自発的運動性　166
周辺的　134, 140, 143
主体動作客体変化動詞　8
主体動作主体変化動詞　8
主体動作動詞　8, 9
主体表現　96
主体変化　21, 97
主体変化動詞　8
準体句形態　168
準体句形対象語　169, 173
人名詞　154, 155, 156, 158, 159, 165
鈴木重幸　14
鈴木泰　8
鈴木康之　6
静的　136
絶対格　118, 126
ゼロ形式　6
前接　176, 177
属格　118, 126
属性性　159, 179

187

た

第一の対象 58
対象語標示 57
第二の対象 58
代名詞 165
題目提示機能 5
単純名詞句形態 168
単純名詞句形対象語 171
中心的 134, 140, 143
角田太作 21
統語構造上の対応関係 91, 97
動作的態度 132
動的・静的 136
動的 136
特定性 157, 158, 159, 164, 165, 179

な

ニ格 25
能格 118, 125, 126
能動的主体 48, 66
ノ格 23, 143
野村剛史 18, 159

は

ハダカ格 5, 23
はたらきかけ 124, 132
人の変化 22, 28, 65
フィルモア 1

不活性 116, 126
不定格 6, 15
不特定性 159
不明瞭性 173
不明瞭な対象語名詞句 178
文法的意味区分 161, 164

ま

松尾捨 15
松本季久代 16
無標形態 141
無標性 141
明示 170
本居宣長 5
物（もの）の変化 22, 55

や

山田孝雄 15
有標形態 141
有標性 141, 168, 177

ら

連語研究 1
連体形従属節 159, 165

わ

ヲ格 57

高山道代（たかやま　みちよ）

略歴

2004年、お茶の水女子大学大学院人間文化研究科博士後期課程修了。現在、宇都宮大学国際学部准教授。

主な論文

「古代日本語のハダカ格における語と語の関係性―統語構造上の関係と意味上の関係―」（『國語と國文學』82-11、2005年）、「古代日本語のヲ格があらわす対格表示の機能について―ハダカ格との対照から―」（『国文学 解釈と鑑賞』70-7、2005年）、「平安期日本語における動詞述語文の主語標示―ノ格とガ格のふるまいから」（『日本語形態の諸問題』ひつじ書房、2010年）など。

ひつじ研究叢書〈言語編〉第119巻
平安期日本語の主体表現と客体表現

Subject and Object of the Japanese Language in the Heian Period
Michiyo Takayama

発行	2014年2月14日　初版1刷
定価	6400円＋税
著者	©高山道代
発行者	松本功
ブックデザイン	白井敬尚形成事務所
印刷・製本所	株式会社 シナノ
発行所	株式会社 ひつじ書房
	〒112-0011　東京都文京区千石2-1-2　大和ビル2階
	Tel: 03-5319-4916　Fax: 03-5319-4917
	郵便振替 00120-8-142852
	toiawase@hituzi.co.jp　http://www.hituzi.co.jp/

ISBN 978-4-89476-680-8

造本には充分注意しておりますが、落丁・乱丁などがございましたら、小社かお買上げ書店にておとりかえいたします。
ご意見、ご感想など、小社までお寄せ下されば幸いです。

刊行のご案内

〈ひつじ研究叢書(言語編) 第116巻〉
英語副詞配列論
様態性の尺度と副詞配列の相関
鈴木博雄 著 定価8,000円+税

〈ひつじ研究叢書(言語編) 第117巻〉
バントゥ諸語の一般言語学的研究
湯川恭敏 著 定価19,000円+税

〈ひつじ研究叢書(言語編) 第118巻〉
名詞句とともに用いられる「こと」の談話機能
金英周 著 定価4,800円+税